辛弃疾词传

众里寻他千百度

墙峻峰 著

长江出版传媒　长江文艺出版社

图书在版编目（ＣＩＰ）数据

辛弃疾词传：众里寻他千百度 / 墙峻峰著. -- 武汉：长江文艺出版社，2019.7
（浪漫古典行. 人物卷）
ISBN 978-7-5702-0964-4

Ⅰ. ①辛… Ⅱ. ①墙… Ⅲ. ①辛弃疾（1140-1207）—传记 Ⅳ. ①K825.6

中国版本图书馆 CIP 数据核字(2019)第 069258 号

责任编辑：张远林　　　　　　　　责任校对：毛　娟
封面设计：周　佳　　　　　　　　责任印制：邱　莉　杨　帆

出版：长江出版传媒　长江文艺出版社
地址：武汉市雄楚大街 268 号　　　邮编：430070
发行：长江文艺出版社
http://www.cjlap.com
印刷：湖北恒泰印务有限公司

开本：640 毫米×970 毫米　　　1/16　　印张：17　插页：1 页
版次：2019 年 7 月第 1 版　　　2019 年 7 月第 1 次印刷
字数：269 千字

定价：36.00 元

目录

一　英雄还乡

　　在别人的眼中，辛弃疾以词闻名于世。

　　在自己心中，他却向来以舍我其谁的英雄自许。

　　他的生命里，自有一股盘旋的大"气"。这是一股爽气、英气、豪气、浩然之气、磅礴之气，具有逼人的气势、夺人的气概、慑人的气魄。我想象他的模样，定是燕赵北国的慷慨悲歌之士，江南的软媚精致铸造不了这样一个满身英气的英雄。

　　果然，辛弃疾的好友陈亮，为我们描述了他的形象：

　　　　眼光有棱，足以照映一世之豪；背胛有负，足以荷载四国之重。

　　"眼光有棱"，颇有意味。眼睛是一个人心灵的窗口，传神写照，正在阿堵之中。辛弃疾的眼神很霸气，很凌厉，有如《天龙八部》里那个刚出场的英雄乔峰，一样有着"两道冷电似的目光"，足以照映一世之豪。

二十二年里，有齐鲁文化生长在山山水水里，有祖父自幼便在他心中深植的那颗爱国的种子，有读万卷书的深深蓄积，有行万里路的实践阅历，这个少年的英雄之气，在酝酿、在发酵，在等待地火奔突的那一刻。

少年雄

靖康之难后，以淮水为界，分隔了南宋与北金。

山东自此成为金人的领地。身在沦陷区的山东志士，在山河沦陷的人生关口，莫不面临着一个重要的人生抉择：是留在原地，丢了气节，从此仕金，还是置性命于不顾，抗争到底？抑或是追随着宋朝皇室逃窜的方向，一路南奔？

辛赞选择了第一种。辛弃疾曾说过祖父做出这种选择的原因：

> 大父臣赞，以族众，拙于脱身，被污虏官；留京师，历宿、亳，涉沂、海，非其志也。

我不想过多评判辛赞的这种选择，相信在做出选择的那一刻，他也是痛苦的、无奈的，甚至带有几分与运沉浮、随命分定的宿命色彩。

人之一生，生不可选择，死不可选择，生死之间全是选择。以至于最后我们成为什么样的人，可能不在于我们的能力，而在于我们的选择。

人生就是一次次不断选择的旅程，当千帆阅尽，最终留下的就是一片属于自己的独一无二的风景。

仕金"非其志也"，那么辛赞志在何方？心之所向又在何处？

亲历了靖康之耻，做亡国奴的滋味时常噬咬着他的心灵。儒家传统重视华

夷之辨，堂堂中华衣冠门第却被迫生活在夷狄的世界里，这种耻辱感会让人发疯。所以，即使在金国他获得了相当优裕的物质条件与政治权利，辛赞心中始终有一团火没有熄灭，那就是驱逐鞑虏，回到宋境。

于是，他时常带领族人子弟登高望远，指画江山，那是宋朝的江山。他给幼小的辛弃疾的心灵园地中，埋下了一颗希望的种子。这颗种子名叫：雪洗国耻、收复中原。

1140年5月28日，辛弃疾出生在已被金人占领的山东历城四风闸的一个官宦家庭。父亲辛文郁在他6岁时便已去世，祖父成为影响他一生的启蒙者。

我猜想辛赞的子嗣并不兴旺，其子辛文郁的早逝是一个证明。也许正因为这个原因，辛弃疾的到来，对祖父而言，尤其珍贵。祖父给他取名弃疾，字坦夫，后改为幼安。无论是名还是字，都包含着朴素的愿望，那便是：健健康康地长大成人。"弃疾"早在春秋时代便有人用过，"无病""去病""无忌"，皆与之有类似的寓意。

他自幼便在祖父的教导下，培育着他心中的那颗种子。

他以苦练武艺、仗剑天涯的英雄气灌溉着它，他曾自言"家本秦人真将种"，尚侠任武的贞刚之气是天然存在于他的骨血之中的；他以熟读经史、纵览文艺的人文气滋养着它。北方的深厚水土、齐鲁的儒家文化雕塑着他，他八岁便受业于时称山东名宿的刘瞻。"算胸中，除却五车书，都无物""平生萤雪，男儿无奈五车何"，这既是对别人的勉励，也是对自己的真实描述。十岁时随祖父游宦，他来到一个全新的地方，曾接受另一个在金代享有盛名的大儒蔡伯坚的指导。

读万卷书，还要行万里路。

1154年，十五岁的辛弃疾由济南府保荐到燕京参加进士考试，未中。

1157年，十八岁的辛弃疾第二次参加进士考试，仍然未中。

以科举求仕进，是古代士人的一条必经之路，我相信辛赞是这样培育也是这样期许辛弃疾的，但这条路是否是他唯一的选择？

两次科举未中，对辛弃疾而言，或许内心也有失落。但我总觉得，是他骨子里的任侠尚武的英雄梦，在冥冥中让他不得走科举入仕这条路。也是他骨子

里的回归宋室的梦，让他不能以一个成功的士子身份效力于金廷，委命于燕京。科举考试，于他而言，是初试霜刃的一次机会，而不是决定他前程命运的全部。

两次燕京之行，虽未得中，却给了他游历北方山川、考察地理风俗、打探金国内情的绝好机会，而这也是祖父辛赞交给他的任务。他不是单纯地抱着科举求仕的目的而来的，还有更重要的事情等着他做。他要纵览山川河流、察看地形地势，绘就机密地图。

作为一个新生代，只要心安理得接受金国子民的身份，努力学习儒学，参加金国的科举考试，将来也能出人头地。辛弃疾的同学兼好友党怀英便是这一类人的代表。

他们自幼一起学习，一起游泰山，一起在泰山灵岩上题名。不知他们站在泰山顶上，耳边是否响起孔子当年登泰山时说的那句话："登东山而小鲁，登泰山而小天下。"是否看见当年青春意气的杜甫，曾在泰山之巅踌躇满志，吟咏出"会当凌绝顶，一览众山小"的豪气诗句？

"挥羽扇，整纶巾，少年鞍马尘"，意气风发的年代里，有的是可供挥霍的青春与年华，只凭着一腔热血，任梦想沸腾。前程铺满金光在不远的地方向他招着手，一切都那么好，那样满是希望和诱惑。

两次科举失意，并未让他意兴萧瑟，这扇门关上了，自有另一扇窗会为他打开。只是那扇即将打开的窗，背后会是怎样的一番风景？又会将他导向怎样的人生新天地呢？

1160 年，辛弃疾二十一岁，这一年祖父辛赞去世了。他失去了一双护佑他的强大羽翼，也失去了一位给他温情和爱的至亲，更失去了一位给他的未来之路提供帮助和建议的师长。

他知道，该对自己的人生做一回听任自己内心的选择了。

1161 年，宋高宗绍兴三十一年九月，金主完颜亮，一方面出于好大喜功，一方面为了转移国内矛盾，在朝野上下的一片反对声中，在江南"三秋桂子，十里荷花"的召唤下，不满于宋金以淮河为界划南北而治的均势，南下攻宋。

完颜亮大举南侵，将各种潜在的矛盾激发出来。契丹人起来造反了，河南

河北山东等地的汉族百姓，不堪金人的繁重赋税，也揭竿而起。而金廷内部，一场血雨腥风的政变也在酝酿中。

完颜亮此举，是促成辛弃疾最终南渡的一次契机。他知道，他的机会终于来了。

在蜂拥的汉人起义队伍中，有辛弃疾率领的一支。

做出这种选择，一是祖父在他心中种下的那颗收复失地的种子，此时已经破土而出，要茁壮成长了；二是，以科举求仕进的寻常路二次走不通，内心的热血贞刚促使他要走一条以武功求功业、立自我的路子来。也许在尚且稚嫩的辛弃疾心中，收复旧山河的蓝图和宏愿，太大了，大得甚至有些看不清晰。那么，就算了为了自己的小我、小梦吧。此时此刻的心之所向，此时此刻遵从内心真实的选择，对他而言才是最重要的。

他知道个人的力量终究太渺小，便率领自己的队伍投奔当时活跃在山东地区的一支更强大的起义军，它的首领是耿京。

从率众起义的那一刻起，辛弃疾知道，这片生他、养他的土地，只要一日在金人的统治下，他便一日不得归家。离开，是为了将来更好地回归。也是从这一刻起，他和昔日的同窗好友党怀英，从此走上迥异的人生征途。

据《宋史》记载，两人分别时，曾占卜各自的去向和前途，党怀英得"坎"卦，坎即险，险意味着要守正持中，不可妄动，此卦对应的是北方，党怀英便留在北方。辛弃疾得"离"卦，离即明亮，对应的是南方，意思是南方才是辛弃疾的光明所在，于是他便决意南归。

其实，这则记载可能是后人附会，二人的选择断不是占卜而定，但冥冥中似乎一切皆有天意。在这则传言当中，我看到了人在面临重大抉择时的惶恐与迟疑，哪怕只是一闪念的动摇，它映照的不是人性的怯懦，而是人性的真实。我还看到了，一对友人在不同伦理观念下的阴阳错违，人生哪有那么多圆满与传奇？

党怀英留在金朝，成为金代文学的一代宗主，且官至翰林。占卜之时，他正处在科举失意当中，但这个失意并没有影响他，他效颜回箪食瓢饮，处陋巷而不改其乐其志，最终修得圆满。而南归的辛弃疾，成为宋词的一代大家，在仕途上却坎壈终生。

南归路

加入耿京的农民起义军后，辛弃疾任掌书记，负责起草文书，建言献策，这与他热血澎湃的志士形象似乎不太搭。但你别小视他，一场惊心动魄的快意追杀即将开场。

1161 年，济南郊区的某个地方。惨白的月光下，一个少年，正在追杀一个和尚。这个和尚叫义端，是经辛弃疾引荐加入耿京队伍中的。他利用辛弃疾的信任窃取了辛弃疾掌管的义军印信，想交给金人。

背离朋友之信任，放弃民族之大义，这等背信弃义之人，辛弃疾是无论如何也不能容忍的！三天三夜，千里单骑，支撑他的只有一个强烈的信念：手刃小人，还自己一个清白。

眼见无路可逃，义端回头，说："你是青兕转生，力能杀人。且饶过我这等无名小卒。"而辛弃疾冷静得近乎冷血，手起剑落处，和尚的人头落地。

兕是传说中状似牛的一种动物，全身苍黑，逢天下将盛，便会出现。义端的话，不无恭维，从中我却看见了辛弃疾过人的勇猛与英武之气。

这头力能杀人的青兕，谁承想日后令他成名的并不是他的武功，而是他的文名？就连他自己，又何曾以文为意？我知道他的不甘。当年那个苍白文弱的李贺也曾说过"男儿何不带吴钩，收取关山五十州"，他的前辈陆游在剑门关前失意地骑着那头老驴，也曾哀伤地发出"此身合是诗人未，细雨骑驴入剑

门"的呼号，他这头青兕又怎能忍心做一介文人！"少年握槊，气凭陵，酒圣诗豪余事"，这是多年后他在一首词中的表白，却也很好地道出了他少年意气时的真实心声。

几乎在义端事件发生的同时，金人内部矛盾爆发。东京留守乌禄（即后来的金世宗）发动宫廷政变，自己在辽阳做了皇帝。而跟随完颜亮出征南宋的士兵，离乡背井，长年征战，厌战思乡情绪日益滋长，终于在瓜洲渡口，将完颜亮杀掉。金军开始向北撤退。

义军内部开始动摇，义军的前途又在何方呢？

辛弃疾以他的远见向耿京建议，应主动与临安当局联系，南归投宋，再与朝廷联手，利用这个机会收复中原。

1162年正月，辛弃疾一行抵达建康，正在建康巡视的宋高宗召见并赏赐了他们。

就在回程时，义军队伍里出了大事——耿京被叛将张安国所杀，义军余部大多跟随张安国归顺了金人。这叫辛弃疾如何向宋廷交代？

他率领50名骑兵夜袭金营，在数万人中，活捉了张安国，并连夜狂奔，日夜兼程，渡淮河，直抵临安，将叛徒交给临安朝廷正法！此举朝野为之轰动，这一年辛弃疾才23岁。洪迈在《稼轩记》中对此有精彩的描述：

> 余谓侯本以中州隽人，抱忠仗义，章显闻于南邦。齐虏巧负国，赤手领五十骑，缚取于五万众中，如挟豵兔，束马衔枚，间关西奏淮，至通昼夜不粒食。壮声英概，懦士为之兴起！圣天子一见三叹息。

他是如何做到的？历史只留下了骨架，抹去了血肉，其中的惊心动魄绝不亚于关羽千里走单骑的壮怀激烈。孤军奋战何所惧？彼时，他心中没有畏惧，只有南方。英雄骑马归故乡，那遥远而神秘的呼喊，在他心中呼啸。

一个士兵，不是战死沙场，便是回到故乡。此时此刻，故乡对辛弃疾来说，一定不是一块特定的土地，而是一种辽阔无比的心境。它不受时空的限制，一经唤起，便拥有了神奇的魔力。

多年以后，他念念不忘还乡的峥嵘岁月。如果他知道回来后，却是另一种结局，他当初返乡的脚步会不会变得迟疑？如果他知道在他的家乡，他的"万字平戎策"，换来的只是"东家种树书"，他眺望南方的目光会不会变得分外苍凉？

鹧鸪天
有客慨然谈功名，因追念少年时事，戏作

壮岁旌旗拥万夫，锦襜突骑渡江初。燕兵夜娖银胡觮，汉箭朝飞金仆姑。

追往事，叹今吾，春风不染白髭须。却将万字平戎策，换得东家种树书。

我渴望痛快淋漓：那时候，大家骑着健壮的快马，穿着锦绣的蔽膝，何等豪放！那时候，金人的军营就在那里，他们提携着弓箭在严密防守。这又何妨？我依然冲了过去，将叛贼捉了，何等勇武！

只是，只是，生活又经得起几个"只是"？几十年过去，白了的胡须永不会再变黑，写过的抗敌策略也永不会被付诸实施，万字平戎策不如纸，东家种树书慰余生。南归，南归，归来唯叹息！

此是后话。

意踌躇

正值青春年华的我们，总会一次次不自觉望向远方，对远方的道路充满憧憬，尽管它忽隐忽现，充满迷茫。有时候身边就像被浓雾紧紧包围，那种迷茫和无助只有自己能懂。尽管有点孤独，尽管带着无奈，但我依然勇敢地面对，因为这就是我的青春。

青春不是年华，而是心境；青春不是桃面、丹唇、柔膝，而是深沉的意志，恢宏的想象，炽热的感情；青春是生命的深泉在涌流。

深沉的意志早已深植在他心中，恢宏的想象，炽热的感情，让他在青春飞扬的年代里，做出了常人难以做出的种种壮举。生命的深泉在涌流，他渴望，回到大宋的怀抱中，回到南方的朝廷所在，他渴望能给他一方天地、一个舞台，让涌动在心中的深泉汇成滔滔洪流，冲刷一切阻碍，建立不世之勋。

他是如此渴望啊，因为他深深知道，青春是有限的，不能在犹豫和观望中度过。

奋不顾身，朝着一个目标，朝着他理想中的南方狂奔，那勇敢的模样，任何时候想起来，都让人觉得漂亮。

在日后无数个暗夜，无数个徘徊失意的日子里，用青春织就的"少年时事"，一次次抚慰着他受伤的心灵，孤独的灵魂。

挥羽扇，整纶巾，少年鞍马尘。（《阮郎归·耒阳道中为张处父推官赋》）

记少年、骏马走韩卢，掀东郭。（《满江红·和范先之雪》）

少年握槊，气凭陵，酒圣诗豪余事。（《念奴娇·双陆和座客韵》）

追念景物无穷。叹少年胸襟，忒煞英雄。（《金菊对芙蓉·重阳》）

功名君自许，少日闻鸡舞。（《菩萨蛮·和卢国华提刑》）

这些"少年时事"，都是辛弃疾在事后追忆中，一一呈现出来的。南归之前，辛弃疾没有留下词作，个中的原因不得而知。我们只能借着他的回忆，与他一起，沉醉在青春的春风里，沉醉在往日的荣光里。

青春从不曾永远，而那时的我们，就是最好的我们。

那时的辛弃疾，也是最好的辛弃疾，一个由着自己的本心，任性飞扬，做自己想做的事、成为自己想成为的人的辛弃疾。

因为，南归后，他便陷入种种束缚和框架之内。南归后，心之所向的地方，不是他梦想的开始，而是他梦想的埋葬之地。

他知道自己是以"归正人"这样一个特殊身份南归的。身份之惑有时会如一片阴云，在他心中掠过，但他相信，凭着自己的赤胆忠心和满腹才华，他总能为自己挣得一席之地。

所谓的归正人，指在北宋灭亡时，背离宋朝，投向其他政权，陷藩后，接受其他政权的任命的朝廷命官、士大夫及滞留在金人统治区的老百姓。这些人，在归宋之前，若无立功表现，归宋后一般不会有什么官阶。辛弃疾生擒叛将张安国，献俘于南宋朝廷，且带回一干残余的义军，在很大程度上，是作为他归宋后的晋升之阶。

晋升只是手段，而他立志实现以收复失地为己任的宏愿，才是真正的目的。但南宋朝廷对这批归正人，并没有毫无芥蒂地信任。对他们的安置多有限制、约束，甚至有种种防范措施，在任职、居留地、婚配等方面都有严苛的规定。

归正的官员一般只允许添差某官，而不厘务差遣，就是只给一个闲散的官

职而无实权。如辛弃疾的岳父范邦彦，举城南归，本当超授，却只被任为添差湖州长兴丞的闲职。王友直率军南归，亦仅授复州防御使之职。

归正人是宋金长期对峙局面下的产物。靖康之难后，宋朝的许多命官、士大夫及百姓，迫于情势，不得不降金。然后又有不少人想方设法渡淮过江，归附南宋政权，尤其是在朝廷内主战苗头高涨之时。他们南归，多半是出于对朝廷的拥戴，对国家的眷恋，出于儒家夷夏之辨观念的影响，出于对金统治者的民族歧视和压榨的不满。但归来后，他们不但在政治生活中受到诸多约束，在心理上也承受着来自朝野诸多有形无形的歧视。

归正人的身份不是辛弃疾能选择的，但他却得为这个身份承担后果。

那壮声英概，使"圣天子一见三叹息"的轰轰烈烈，带给他的将会是什么呢？

这个英雄少年满心期待着，期待着那个如锦缎般徐徐展开的灿烂前程！

当马蹄终于踏上了淮河南岸，他会不会情不自禁地勒马回望？苍山如海，残阳如血，猎猎风中，他的身姿如一抹剪影定格在苍茫的天宇间。站在高高的山冈上，背后是生他养他的沦陷的故乡，眼前，是从没有到过的江南，是他心之所向的精神家园。眷恋与渴望，和着一滴无人可见的泪水，在风中默默吹送。

南方，我回来了，你可曾准备好？

二 南归之初

辛弃疾一辈子最在意的是什么？是气节，是功业。两者合成一个词，叫收复中原。

辛弃疾一辈子最得意的是什么？是归国有勇。从揭竿而起，到奉表南归，到生擒叛将张安国，献俘于天子，热血贲张，慷慨淋漓。

南归后，他再也没有如此得意过。

南归之初，他用了整整十年时间，从小小的江阴签判，一步步到了司农寺主簿这个位职。职都是文职，与功业无关，与恢复大计无关，但人慢慢从僻远之地来到了京城。

他以时不我待的迫促，一心图恢复的热忱，刚毅果敢的行事风格，干谒北伐主帅张浚，无果。献《美芹十论》给孝宗皇帝，未纳。再献《九议》给主战派宰相虞允文，无果。

在司农寺主簿任上管着粮食，与他当初的期待相差十万八千里。他寻寻觅觅，上下求索，众里寻他千百度，那个佳人却独在灯火阑珊的角落。

才不见用，美不见知，他好孤独。

美芹之献

他是怀着怎样的热血与渴望，踏上这一片南方的土地的呀！

宋高宗内心里其实并不欢迎辛弃疾这样的南渡者，他尤其介意的是，这个南渡者还是名动宋金的英雄豪杰，他永远在自己的耳边聒噪着北伐。辛弃疾哪里知道，这个意气萧瑟安于一隅的大宋皇帝内心真正所想。

他要的根本不是北伐，不是躁烈的血性；而是偏安，是柔性的共存艺术。

所以，对辛弃疾这样身份敏感的归正人，岂可因他的一时之功、一腔热血便给他授予过高的官职和实权。

一纸文书下来，辛弃疾被授予江阴签判之职。这是一个掌管地方司法的小官，属于从八品。好在，江阴地处长江南岸，在宋金战事时有发生时期，其地理位置相对还比较重要。

那么，就怀抱着炽热的希望，将南归前的种种辉煌归零，一切从头再来吧！在江阴签判这个位子上，从 1162 年到 1164 年，他一干就是三年。

这三年里，发生了几件并不寻常的事。

一是宋高宗禅位。整日被裹挟在主战主和两派的争执中，宋高宗不胜其烦，他没有雄心，也无法给任何一方一个决断，便以年高为名于绍兴三十二年（1162）五月，将皇位禅让给皇太子昚，是为宋孝宗。将千斤的担子，江山社

稷之重卸给儿子，他自己也乐得耳根清净了。

二是张浚北伐。作为一个新继承大统的皇帝，哪一个不想干出点惊天伟业以名垂青史？于是，宋孝宗在继位之始，打足十二分的精神，想将柔弱无骨、渐呈颓势的大宋王朝旧貌换新颜。他替岳飞恢复名誉，起用主战派张浚，打算挥师北伐，一统南北。

这样一副励精图治的样子，让辛弃疾看到了希望！可知，他就是怀揣着收复中原、一统南北的梦，才背井离乡，来到这里做了一个小小的与他的英雄梦毫不相干的文职小吏的。

他抑制不住满腔激情，求见北伐统领张浚，并根据金人集结部队不易的特点，提出分兵进攻的策略，提出将以往北伐从未考虑过的山东作为据地之一，将金兵斩为两段，使其首尾不得相顾，从而收复中原。

张浚却以一切计划，"某得听命于皇上"为借口，拒绝采纳。

这个有一定将才却并无宽广胸襟的张浚，这个因循保守而并无胆略创见的张浚，这个空造北伐之势而并无北伐之备的张浚，还有重文抑武的整个大宋国势，怎能允许一个真正有着实干之才且有着狂热大志之人建言呢？他们柔弱的肩扛不下这万钧的重，他们饱含着私欲的心也无法和一颗赤子之心同情共振。更何况，此时的辛弃疾只是一个人微言轻的归正人！

干谒张浚失败！

此时的辛弃疾，难免失望，难免心冷，但血却仍旧在沸腾！

宋孝宗隆兴元年（1163），张浚北伐果真以失败告终，这便是历史上有名的符离之败！

草草收兵的败局，换来的是割地送钱、以求暂时和平的屈辱的"隆兴和议"。

目睹了这场失败，辛弃疾将失望、心酸、屈辱、不平、抑郁狠狠地咽进了肚子里。以一介文职、渺如微尘的身份，依旧飘荡在仕宦之途上。

他在寻找着时机，等待着另一个可以让他一展抱负的时机。

隆兴和议签订的第二年，1164年，辛弃疾江阴签判任满，改为广德军通判。到广德时，已是秋冬之际。

在这个僻静的小地方，他让自己平静了下来。以全部心力将往日对恢复大业的深思与宏见，化成文字，这便是著名的《美芹十论》。他知道自己人微言轻，便将自己的文章命名为卑微的野芹，而自己，正是那个自觉味美便忍不住想将这美味献给贵人的野人！次年初，他不顾自己官职低微，越职上书，将《美芹十论》直接呈给了宋孝宗。

对辛弃疾而言，此举固然莽撞，你说他是为私欲也好，为邀名求功也好，为公心也罢，为收复中原的宏愿也罢，这一切都不重要。不走寻常路，招来的也定会是不同寻常的非议，但天地昭昭，日月可鉴，自己的这一腔赤诚，忠肝义胆，也只有自己知道了。

对宋孝宗而言，南渡之恨，纳贡之耻，总归是一根心头刺，初继皇位，志向还是要远大一点方好。此时的辛弃疾，昂扬尖锐，远非朝中一帮因循守旧的臣子可比。只是，宋室衰微，非一日之寒，变革也是牵一发而动全身。种种力量掣肘，盘根错节。重用了一个辛弃疾，就能回天？而符离之败，又狠狠地扇了他一耳光，那刚露出苗头的一点锋芒和光亮，不得不黯淡下去，而他，也只能像大多数人一样，变成一个实用主义者和保守主义者。

对着辛弃疾的一篇宏文，他只能深深地叹了一口气。

这真是一篇雄文，有破有立。三言虏人之弊，是破；七言朝廷之所当行，是立。

它也是有理有据的。上至国家，要摒除私心，恢复是国之大业，而非一朝一臣一天子个人的私欲；中至将相，要有权有责；下至普通百姓，要公正对待南北之人，同心同德。再辅以来源于理论和实战的用兵之法。

宋孝宗和臣子们都知道，辛弃疾是对的。辛弃疾虽以"芹"自谦，但在内心深处，他是颇以这篇宏文为意的。他有这个自信和骄傲的资本。一则，他在北边生活过，真真切切了解金朝的社会情况；二则，他当年趁科举考试之机，一次次考察过金朝的山山水水；最重要的是，他是打过仗的呀，还打得那么漂亮！

但是，如果你以为国事只要有皇帝支持就可以，那就太天真了。

辛弃疾不是过于天真，而是过于赤诚，他太想以非常之手段，以非常之途径去实现自己的梦想了。

哪顾得上这许多思虑，且去一试。

结果，仍然是未得采信。

但对辛弃疾而言，这或许也是他意料之中的，算不得失败。至少，他让皇帝记住了，在这浑浊如泥淖般的政坛中，有这么一位出类拔萃的非同寻常之人。

所以，1167年，南归的第五个年头，辛弃疾被任命为建康府通判。

这多少表明了宋廷对他能力的肯定，也给他展示自己提供了一个机会。建康与其他两地不同，这是宋室南渡之后对金作战的重要战略要地，也是许多主战派大臣建议迁都之地，能在此地任职的，多是朝中有名望之人。

他与一帮好友诗词唱和，宴游雅集。如建康知府叶衡，世代将家的周孚，还有建康行宫留守史正志等。无论是在酒酣耳热之际，还是在月夜独赏之时，他始终没有忘记，自己南归是为了什么，自己想干的是什么样的一番事业。

道路虽然曲折，但心中的希望之光一直倔强地燃烧着。前途虽然不明，他却义无反顾地向前求索着。他在累积着人脉，也在蓄积着力量，像不死鸟一样，不将自己的心刺穿，生命的乐章不会停息。

1170年，在建康通判任上二年之后，他又被宋孝宗召对延和殿。这一次召见，代表了某种倾向，对辛弃疾而言，也是意义非凡的。召对之后，他被任命为临安司农寺主簿，虽然还是一介文职，但人在临安，在天子脚下，离皇帝是越来越近了。

在临安，他又结识了一大批人，其中有张浚之子张栻，此人秉承父志，力主抗金。有理学上另一个宗师吕祖谦，此人强调经世致用。

他仿佛看见，机会正在向自己招手。

怀揣着无法冷却的热血，是年年末，他又写了一篇《九议》，上呈给当时的宰相虞允文。在《九议》中，他明确提出了"恢复之事，为祖宗，为社稷，为生民而已"，它不是为报君父不共戴天之仇，不是为报国耻的义气之举，而是为天下苍生、为江山社稷的长久之计，为浩然长存的正气与公心。

有了这种眼界和胸襟，全国上下，君臣一心，又何愁恢复大计不能实现？

这样的辛弃疾，又岂是一般的文人和儒生所能比？又岂是只会纸上谈兵、志向空疏的庸人所能比？

他再三上疏，献计，只能证明他有一颗不死的心，他在疲惫生活中还有不曾冷却的英雄梦想。这样的人，值得我们敬重。

宋孝宗知道，辛弃疾就是重新点亮他梦想的那一撮火苗。对这样的一个人，如果一再漠视，一再伤他的心，那简直是对自己的讽刺。讽刺他作为君主的一生，那些未遂之志，那些忍辱偷生。

所以，成全别人，也是成全自己。

只是，在多大程度上成全？又成全得了多久？这些他不敢想，也不能想，只能走一步，看一步了。

南归近十年，干谒张浚，进十论，上九议，从江阴到广德，再到建康，到临安，辛弃疾抱着不死不灭的热望与雄心，一步步，走进权力的中心，一步步，为实现理想奠基。

人说，去国十年，老尽英雄心。十年的磨砺，英雄心，仍未尽。而与十年前那个意气风发、英气勃勃的南归少年相比，英雄心上已经开始结了痂，蒙了尘。他将这种种失意与愤懑，诉诸一篇篇词章之中，说与风听，大地听，古人听，今人听。

悲黍之意

策论是写给他人看的，也是活给他人看的，它显示的是自己的才与志。

诗词是写给自己看的，也是写给心灵的信，它要表达的是自己的情与意。

有关光复的每个大事件，他都关注着。这些事件，在他心灵里激起的震荡，如果你不曾用心来过这里，你不会明白。

符离之败后，朝廷同金人签下了屈辱的隆兴协定，辛弃疾的满腔热情和希望化作了一腔悲愤。

隆兴二年（1164）的某个秋季。

时序的变迁总能在每个善感者的心灵里激起涟漪，伤春与悲秋，素来是中国文人的传统，也是整个中国诗词文化中的主脉。代谢的生命，急驰的流年，会让只争朝夕、心怀壮志者分外焦虑。

辛弃疾也不例外。在这首《满江红》里，我看到了他长歌当哭、壮怀激烈的心绪。

满江红

倦客新丰，貂裘敝，征尘满目。弹短铗、青蛇三尺，浩歌谁续？不念英雄江左老，用之可以尊中国。叹诗书万卷致君人，翻沉陆。

休感慨，浇醽醁。人易老，欢难足。有玉人怜我，为簪黄菊。且置请

缨封万户，竟须卖剑酹黄犊。甚当年，寂寞贾长沙，伤时哭。

　　就像当年马周困于新丰酒楼，苏秦貂裘破败一身风尘，冯谖弹着三尺宝剑，唱着"食无鱼"，谁能听得懂他们的意思，谁又能真正理解一个充满野心却时乖运蹇、沉沦下僚者的心声？帝王不明白，权贵不明白，沉溺于京华软红尘里的飞扬得意者不明白，心性消磨昏昏度日的庸者也不明白，唯有他——辛弃疾明白！透过风干的历史，发黄的书页，辛弃疾将这些不得志的英雄一一唤醒，与他们对坐，细数别后的风尘。马周是自己，苏秦是自己，冯谖是自己，一样在局促的命运所设置的禁锢里，失意沉沦。

　　"不念英雄江左老，用之可以尊中国。"不要顾虑江南英雄年纪大了，任用他照样可以打败敌人，使其向中国称臣。这样一种"舍我其谁"的浩然之气，君王能欣赏吗？不能。饱读诗书，欲致君尧舜，却终是无路请缨，报国无门，只能眼睁睁看着神州陆沉。

　　此时的辛弃疾二十四五岁，谈何老？但月寒日暖，来煎人寿，有限的生命与无尽的宇宙，未酬的志意与疾驰的流年，两相比较，怎不让人空觉年华老去，岁月蹉跎？

　　直泻而下的悲愤，让他的心灵稍稍得到纾解。他开始劝自己，不要感慨什么人生易老，时光易逝，且饮美酒，消闲愁。有美女怜惜我，为我簪戴一朵秋日的黄菊。佳人美酒相伴，先把请缨的事情放在一边，把封侯的功业抛诸脑后，姑且像汉代的龚遂一样，卖剑卖刀，换来黄牛，将请缨的志向转向田畴，让刀剑的寒光和着理想的光芒，在岁月的风蚀下，生满斑驳的锈！

　　可是啊，可是，内心有个声音始终在狂呼，你果真要做这样的选择吗？自欺的劝解骗得了别人，却骗不了自己；可安慰一时，却安慰不了一世。一颗渐归屈服的心，终于忍不住一声痛哭！像当年在长沙的贾谊一样，在孤独中流下了两行清泪。

　　哭过，痛过。
　　在我们不可把捉的尘世命运中，我们不要管无情的背弃，不要管苦痛的创痕，只要维持一瓣香，在长夜的孤灯下，可以从陋室的胸中散发出来，也就

够了。

血未曾冷，心未曾死，抬起头来，他依然倔强地奔波在为理想打拼的征途中。

到建康府后，他结交了一批有名望的人，在与朋友的交往中，他以词为社交工具，为陶写之具，一次次地对他人倾吐着他胸中的志意。祝寿时，他没忘了表露自己的心意；送别时，他没忘了表白自己；登高时他也没忘了表白自己。

他以古人为友，更向今人呼告。

在江南东路节度转运副使赵彦端的生日时，他借祝寿，写下了这首《水调歌头》：

水调歌头
寿赵漕介庵

千里渥洼种，名动帝王家。金銮当日奏草，落笔万龙蛇。带得无边春下，等待江山都老，教看鬓方鸦。莫管钱流地，且拟醉黄花。

唤双成，歌弄玉，舞绿华。一觞为饮千岁，江海吸流霞。闻道清都帝所，要挽银河仙浪，西北洗胡沙。回首日边去，云里认飞车。

赵介庵，即赵彦端，字德庄，号介庵。宋宗室。乾道四年（1168），赵彦端在建康任江南东路转运副使。转运司，俗称漕司；转运使，简称漕。辛弃疾时任建康府通判，二人同在建康，词即作于此年，彼时辛弃疾已近而立之年。而立未立，对他而言，是一种什么样的催逼！难得遇上一个赵宋王室，一个出身名门的主，他当然会抓住机会，一表心迹。

虽是祝寿的应酬词，写来却气势雄放，并没有流于纯粹的应酬，他的重点是期望对方"要挽银河仙浪，西北洗胡沙"，这样才能显出英雄本色。即使是在祝寿的酒宴上，他也放不下他的家国情怀，期待着友人能凭借他特殊的身世地位，鼓励当今圣上，挽来银河仙浪，一洗西北尘沙，让中原再现天日，实现南北统一。

从祝寿词本身来看，他也写得十分得体。"千里渥洼种"以神马喻寿主赵

彦端身世之非凡，以"名动帝王家"状其声名之非凡，以"金銮当日奏草，落笔万龙蛇"喻其才华文笔之非凡，接着说即使江山已老，他的头发依然乌黑，状其身体康健。

歇拍写他暂时放下公事，姑且共享寿宴之乐。"钱流地"状主人富贵。过片写寿宴歌舞之热闹与酒宴之热烈，双成、弄玉、绿华皆是仙女之名，状赵府歌妓的非同凡响，而宾客饮酒如"江海吸流霞"，场面极为壮观。结拍以"要挽银河仙浪，西北洗胡沙"之宏志冀望寿主今后回到朝廷，直上青云，大展身手，收复失地。个人的祝福与民族大业的期待巧妙绾合，立意高远。

清都帝所，指天帝所居之所。《列子》："王实以为清都紫微，钧天广乐，帝之所居。"

挽银河仙浪，语出杜甫《洗兵马》："安得壮士挽天河，净洗甲兵长不用。"

西北洗胡沙，语出李白《永王东巡歌》："但用东山谢安石，为君谈笑静胡沙。"

日边，代指帝王。云里，喻其青云直上。

全词用语华丽，在不动声色的一气呵成中，暗藏着有无尽深意的典故。这样的辛弃疾，你若只视他为武将，那是你的错。既是寿词，恭维之意自是少不了的，可你哪里看得出他赤裸裸的恭维之意，最妙的还是在恭维中不失时机地传达出自己心中真正的志意"要挽银河仙浪，西北洗胡沙"！

寿词最易落入俗套，很多寿词就像是唐代举子的干谒诗。对别人，不论真心假意，先不遗余力地把对方夸到天上去，反正摔下来，疼不疼不关自己的事。

但辛弃疾的这首寿词，偏偏关了自己的事。

建康是六朝古都，金粉之地。多少风流，在秦淮河两岸演绎。

是江南的脂粉消磨了惠男儿的心性？定都建康的王朝，大多短命，一个个如走马灯般，在历史的风烟中昙花一现，留给后人的是无尽唏嘘。

朱雀桥边的野草花兀自萋萋，乌衣巷口的夕阳依旧落下，那日时王谢堂前的燕子，目睹了多少风流，如今依然飞入了寻常百姓的家。在这样一个充满兴亡和历史感的城市，辛弃疾怎能无感？

登楼，望远，是他的必修课。

自南归以来，他一直处在无关紧要的职位上，心中鼓声阵阵，战役却从未打响。转眼间，南归已有七个年头。人之一生又经得起几个七年？人之意气又经得起几次风雨的消磨？时不我待的迫促感一直逼着他，马蹄声声扬起的热血在心中不息不休，他一直在寻找机会，一直在寻找他命里的贵人。十论，九议算是上达天听，而身边朋友圈的经营，也是一种不可忽视的力量。

1168年的某个春季，他登上了赏心亭。遥看秦淮河水自东向西贯穿建康城，自西水门外注入大江，心中感慨万千。辛弃疾写下《念奴娇》，呈给时任建康府江东安抚使兼行宫留守史正志。此时，史深得孝宗信任，尤为难得的是，他也主张收复失地，一统中原。虽然此人在政治上有投机之嫌，但此时却身居要职。而建康是进图中原、退保江浙的军事要地，在这样一个重要的职位上，人人都希望他能有所作为。

念奴娇
登建康赏心亭呈史留守致道
　　我来吊古，上危楼，赢得闲愁千斛。虎踞龙蟠何处是？只有兴亡满目。柳外斜阳，水边归鸟，陇上吹乔木。片帆西去，一声谁喷霜竹？

　　却忆安石风流，东山岁晚，泪落哀筝曲。儿辈功名都付与，长日惟消棋局。宝镜难寻，碧云将暮，谁劝杯中绿？江头风怒，朝来波浪翻屋。

登高吊古，换来的是戒不掉的闲愁千斛。触目所见，是枯荣并存，是盛衰相继，是兴亡满目。虎踞龙蟠的王气而今安在？在无常的历史洪流中，值得悲悯的不只是古人，更是自己，谁不是这浩浩洪流中渺小的一粒微尘呢？

楼很高，故称危楼。愁很重，故有千斛，这岂是李清照的舴艋舟载不动的愁？开篇，愁扑面而来，让人无法喘息。可这愁是什么？仅仅是兴亡满目？他没有说。

他宕开一笔，将目光投向了远方。

远处夕阳的余晖穿过暮霭，洒在凄迷的柳枝上；水边觅食的鸟儿，匆匆地飞回了自己的巢；陇上的乔木，在风的吹打中，落叶满地。秦淮河边，漂泊着

一只孤零零的小船。此时此刻，不知是谁奏响起了凄怆的笛声。

兴亡已随秦淮河水而去，独留他摇曳在荒凉的过往，彷徨徘徊，不知所来，也不知所往。

进退无由之际，他想到了东晋士族谢安。想他东山再起救苍生的风流；想他在大败秦几十万大军之际，听闻捷报后仍不动声色地下棋的从容；想他在晚年未能免于逸言，大将桓伊的一曲怨歌，击中了他的心，他忍不住流下了怜人兼自怜的辛酸泪。名动天下如何？风流盖世如何？起于东山的谢安，也有由盛至衰的那一刻。

对人类来说，最好的安慰就是知道你的痛苦并不特殊。这便是吊古的意义所在。

他知古人的委屈，而自己在寻梦路上却形单影只，知音难觅，无人劝杯中酒。七年时光，美人迟暮。碧云将暮，宝镜难寻，在这千古关愁的黄昏，触绪纷纷，闲愁千斛，可他始终没有明说愁在何处。但从他的回忆中，已然可见他知音难觅的孤独，美人迟暮的焦虑，时局堪忧的现实，更有想担当历史重任却无从担起、壮志难酬的悲凉之意。

这苦闷蓄得实在太多，太久了。挥笔之际，一发而不可收！

但在即将被愁压倒，沉入谷底的时刻，他的绝望戛然而止。"江头风怒，朝来波浪翻屋"，此句呈现出不可一世的峥嵘之势。心潮伴巨浪，裹着狂风，将这世上的一切障碍推翻，将一切阻力化为乌有！

我不知道这壮怀激烈中带有多少的凄凉意，多少的自我安慰。

庆幸的是，他依然葆有不死的欲望，像流星的光辉，照耀着他疲惫的梦想。

如果理想，只是一瞬的绽放，之后，只在凭吊中回味，那么，理想有什么意义？如果激情，只是青春时的一种荷尔蒙，只在多年后痛哭时才知自己有过，那么，激情又有什么意义？这不是辛弃疾。

他的理想不灭，激情犹在。

姜夔经过被金兵践踏之后的淮南时，空留下黍离之悲。辛弃疾在悲痛之余，仍紧紧地抱着他的千秋家国梦！

他需要的，只是机遇，只是舞台而已！

莼鲈之思

至 1170 年，迁司农寺主簿时，辛弃疾南归已七年有余。

七年的辗转与等待中，一个叫"家"的魅影，时时在他心中穿梭。

家，对辛弃疾而言，是有佳人倚门远望的避风港，这是属于他个人的小家。也是在有月亮的晚上响起的一支清远的笛，面目模糊，却让人神往，这是生他养他的故乡。

离别后，乡愁是一棵没有年轮的树，永不老去。

在南归第一年的立春日，辛弃疾情不自禁地想起了家中的妻，那是他在江阴签判任上的第一年。

大约在十六岁到十八岁之间，辛弃疾在故乡娶赵氏为妻。也许是这场婚姻太过迅急，也许是年少的他不知如何拥抱这种喜悦，也许是那时的他心中满满地装着南归的大梦，也许是戎马倥偬、刀口舐血的日子里他无法奢望家的温情，总之赵氏在他的生命中仿佛没有留下痕迹，在卷帙浩繁的辛词中我们也找不到一丝有关她的记忆。

南归之初，在出任江阴签判前后，辛弃疾结识了一个好友范邦彦。此人比他早一些回归南宋，靖康之难时，他因母亲年岁过高，无奈滞留北方。后在金国任职，任职地在宋金交界处。宋金一开战，他便率领军队，打开城门，迎接

宋军。随后举家南归，寓居京口。

辛弃疾南归后，也寓居京口。他的英雄之举，范早有耳闻，并与他结成忘年交。得知辛弃疾妻赵氏早逝，他便将女儿嫁给了辛弃疾。

辛弃疾与范氏应该是琴瑟和谐的，这点可以辛范两家后来的三世姻缘为证。

立春是古人的一个重要节日，这是个充满希望的日子。《岁时风土记》："立春之日，士大夫之家，剪彩为小幡，谓之春幡。或悬于家人之头，或缀于花枝之下。"

敏感的心灵，和着节序的跳动，总会有所感慨。回想一年将尽，辛弃疾在立春日写下了这首《汉宫春》，借以遥思远在京口的妻子：

汉宫春
立春日

春已归来，看美人头上，袅袅春幡。无端风雨，未肯收尽余寒。年时燕子，料今宵梦到西园。浑未办，黄柑荐酒，更传青韭堆盘？

却笑东风，从此便熏梅染柳，更没些闲。闲时又来镜里，转变朱颜。清愁不断，问何人会解连环？生怕见花开花落，朝来塞雁先还。

词中涉及古时立春的风俗。先了解一下。

黄柑荐酒，黄柑酪制的腊酒，立春日用以互献致意。

青韭堆盘，《四时宝鉴》谓"立春日，唐人作春饼生菜，号春盘"。又一说，称五辛盘。《本草纲目·菜部》："五辛菜，乃元旦、立春，以葱、蒜、韭、蓼蒿、芥辛嫩之菜，杂和食之，取迎新之意，号五辛盘。"故苏轼《立春日小集戏李端叔》诗云："辛盘得青韭，腊酒是黄柑。"

开篇成春，触目是春。春在何处？

春天来到了美人头上。古代立春之日，剪有色罗、绢或纸为长条状小幡，戴在头上，以示迎春。也有剪成春鸡、春燕等形状，佩戴在小儿臂上或胸前。小儿和美人，春意盎然。

春天藏在市民口中。黄柑荐酒，青韭堆盘。立春日，人们喜欢以果品时鲜

等佐酒。青梅初熟时，以蜜渍之佐酒，是人们的最爱。喝着黄柑酒，就什么菜呢？当然是春韭了。"正月葱，二月韭"，初春的韭正当时，鲜美莹润。乱世中飘零的杜甫，不也用"夜雨剪春韭，新炊间黄粱"表达他乡遇故人的欣喜与真诚吗？

春天来到了梅梢柳边。东风从此熏梅染柳，一刻也不得闲了。

春天也在满怀心思之人日渐老去的容颜里，流逝的青春里。"闲时又来镜里，转变朱颜"。

在立春这样一个本该雀跃的日子里，他却不可遏制地陷入伤春的意绪中。自然恒常而人生易老，那一波波愁与恨，绵绵不断，如解不了的连环。

西园，汉都长安西边有上林苑，北宋都城汴京西门外有琼林苑，都称西园，此地专供皇帝打猎和游赏。这里借指北方汴京，是故国故乡所在。联系起来，我们便知，他愁在何处了。

那是故国难复的惆怅，是故乡渺渺的凄惶，是青丝在流年中染成华发的人生迟暮的感伤。

这首词应写于他干谒张浚无果之后，宋孝宗有北伐之意，燃起辛弃疾心中无限的激情与渴望。干谒张浚，再好的筹谋却得不到赏识与采用，这对满怀希望、心气甚高的辛弃疾来说，着实让人发愁！

个人的野心或抱负得不到施展，让他愁；但你别以为辛弃疾只拘泥于个人之私，真正让他愁的是家国大义。个人之见不被采纳事小，他从中看到的是北伐将领的刚愎自用和狭小的格局，看到的是朝廷对北伐的准备毫无创见和新意，也没有那种杀伐决断的铁血意志和手腕，这样的北伐，能成功吗？

他的忧虑果真不是多余的。次年夏，北伐不正是以符离惨败而告终吗？

看到这个结局，再回想一下辛弃疾在词中流露出来的解不开的愁，便知缘由了。

符离之败，是他早已预测到的结果。但真正面对这个结局时，哪一个心怀家国的义士不备感心痛？

可他又能做什么呢？只能做一个有心而无力的旁观者。

1164年，在江阴签判任上的第三个年头。流逝的年华，流逝的青春，流

逝的激情，在这无情的变动不居中，不变是依然是落魄的境遇，依然是故乡渺渺仍处在金人统治之中的现实。

一日中最易触发愁绪的是子夜和黄昏，四季中最易惹人伤怀的是秋天和暮春，故乡是失意之人最好的灵魂憩息所。站在落红满径的春的末端，他愁绪飞扬，心再次回到了故乡。

满江红
暮春

家住江南，又过了、清明寒食。花径里、一番风雨，一番狼藉。红粉暗随流水去，园林渐觉清阴密。算年年、落尽刺桐花，寒无力。

庭院静，空相忆。无说处，闲愁极。怕流莺乳燕，得知消息。尺素如今何处也？彩云依旧无踪迹。谩教人、羞去上层楼，平芜碧。

这该是清明节后的某一个暮春吧，天空还飘着淅淅沥沥的小雨，细如丝，绵如锦，滴滴答答地渗进了人的心窝里。他在听雨，也在听自己的心事。

花径里，散落在地上的残红损粉，一片狼藉，逐流水而去。庭院中，碧青的枝叶，在园中孤寂地跳着舞。好一片"绿肥红瘦"的景象，李易安从中看到的是美人迟暮，红颜凋谢，而侍女看到的却只是"海棠依旧"。如果她在场，定然向辛弃疾举杯，浮一大白，因为他们的心意原是相通的。刺桐花是春末的花，年年开且落，在风风雨雨中，孱弱无力。这清明的雨，凉了花心，也凉了人心。

上片已然带着妩媚之气，下片叙事的主人公，已经不是辛弃疾，而是一个美人。

庭院里静得出奇，人的心绪却在静中慌乱得纷纷扬扬。无法抑制的闲愁，无边无际地慢慢侵袭。看流莺乳燕双双对对，仿佛在嘲笑她被冷落的形单影只，她心里很恐慌，怕它们窥透了自己的心思和孤寂。但又如何掩饰得住呢？她终于忍不住说出了口：尺素如今何处也？彩云依旧无踪迹。所思之人如飘渺的云，无处寻觅踪迹。所盼的音讯，依旧不知在哪个角落里。

种种愁绪，如何排解？休去倚高楼，举目遥望，所见的也只是满目的青草

萋萋。唯一可以纾解忧愁的途径，又被她给否定了。茫茫天地，竟找不到一处埋愁地。

香草美人，以喻君子。有人说，辛弃疾的词有很多继承了屈原楚骚的风格。九死不悔的忠诚，上下求索的执着，忧愁忧思的精神气质，辛弃疾都有。以美人香草喻自己志洁行芳的形式，辛弃疾也有。

我相信这首词中的美人，也是辛弃疾自己。美人迟暮的感伤，知音难赏的孤寂，乡关何处的惆怅，说的是美人，也是他自己。而那"一番风雨，一番狼藉"的暮春之实景，不也正是符离之败后，南宋的狼藉朝局吗？

两年的光景里，脚下的每一块青砖，屋檐上的每一块碧瓦，墙角处斑驳的苔藓，都记下了他萧索落寞的光阴，而他最渴望的战场上，却从未出现过他的身影。

他依旧在后方，做着一个微末的文职小吏。

越是失意，越是想念故乡。

《世说新语·识鉴》："张季鹰辟齐王东曹掾，在洛，见秋风起，因思吴中菰菜羹、鲈鱼脍，曰：'人生贵得适意尔，何能羁宦数千里以要名爵！'遂命驾便归。"

人生贵适意，何苦羁宦千里以要名爵？何苦在这江南忍气吞身，委曲求全？莼鲈思，时时在心中泛起。有时候，他也在想，自己这样所为何来？千里奔袭，把南方作故乡，而故乡却成了他乡，他要不要归去？

归去，归去，归不得。世人轻言告别，一再踏上异乡的土地，把家乡抛诸脑后，去领略别处的风景。从此，山高水长，归期无定。

只有在梦想搁浅时，方想停下来，在故乡的臂弯里，沉沉睡去，在故乡的黄花里，安然老去。

满江红

点火樱桃，照一架、荼蘼如雪。春正好，见龙孙穿破，紫苔苍壁。乳燕引雏飞力弱，流莺唤友娇声怯。问春归、不肯带愁归，肠千结。

层楼望，春山叠。家何在？烟波隔。把古今遗恨，向他谁说？蝴蝶不

传千里梦，子规叫断三更月。听声声、枕上劝人归，归难得。

　　这首词写于 1168 年，这年辛弃疾 29 岁，已近而立却未立，心中的凄惶，可想而知。此时，他在建康府通判任上。

　　离乡多年，家乡的一切是否一如当初他走时的模样？是否被岁月磨洗得失了颜色？

　　"点火樱桃，照一架、荼蘼如雪。"这样参差又艳异的色彩，他是如何想出来的？仅这一句，就让人深深沉溺。

　　春正好。春雨如酥，润得春笋不甘寂寞，穿破青青苔藓与苍苍的壁角，蓬勃地向上生长着。莺莺燕燕，娇声相唤。夏的到来却是春的逝去，在生之欢悦与死之感伤中，他的情感还是转向了对美好逝去的哀悼与伤怀中。春将归去，却不肯将人的愁怀一同带去，只留下多情多感的人，愁肠千结。

　　年华正好，梦想正盛，却被栽植在无人的山涧中，纷纷开且落。在达者王维眼中，这是恬淡中的自求圆满，在事功者辛弃疾眼中，这是枉过了一春又一春。

　　光阴白白蹉跎，以为可以安放理想与雄心的南方，只是消磨了他的年华与胸中志意。他真的累了，倦了，好想在故乡里安息一下。

　　可是哪里回得去呢？

　　层楼望，春山叠，家何在？站得再高，也有浮云遮望眼，也有春山重重叠叠，还有沉沉烟波，又如何穿越？蝴蝶飞不过沧海，又怎能将他的乡愁带到千里之外？子规声声，"不如归去"的悲啼又落在了他的枕边。也只能在梦里，寻求安慰。

　　他要回去的家，不是那个依旧在金人统治下的家，而是被宋廷光复的家。只是家在那里，但不是他的，他如何能回去，又如何回得去？

　　写这首词时，他越职上书的美芹之论，虽然在皇帝心中掀起一阵波澜，但波澜过后，一切又归于平静。日久月深，遗落在心海之底，就像一切从未曾发生过。

　　他不想看到这种结局，虽然他知道道路的曲折艰难。

　　英雄多寂寞，高处不胜寒。可谁愿意一直做蜿蜒流淌在地上的小溪呢？如

果他像多数士大夫一样，在国事面前明哲保身，如果他躲在自己的世界里吟风弄月，如果他在江南的软媚中磨去志意，他也许会少很多痛苦与孤独。而他放不下，太执着。

毕竟，他刚在而立之年。

留下，还是归去，生命到底会给他怎样的答案？命运又会将他引向何方？

他在等待。

十年饮冰，难凉热血。

乾道六年（1170），南归的第十个年头，三十一岁的辛弃疾等来了宋孝宗在延和殿的召见。

此后他被任命为司农寺主簿，这仍是一个无关恢复大计的簿计小史，想想真是滑稽。但好在，他用了十年的时间，离天子是越来越近了。

在临安近两年的时间里，他游历了附近的山山水水，以洗情怀。冷泉亭是他所到地之一，在这里，他留下了一首《满江红》：

满江红

题冷泉亭

直节堂堂，看夹道冠缨拱立。渐翠谷、群仙东下，珮环声急。谁信天峰飞堕地，傍湖千丈开青壁。是当年、玉斧削方壶，无人识。

山木润，琅玕湿。秋露下，琼珠滴。向危亭横跨，玉渊澄碧。醉舞且摇鸾凤影，浩歌莫遣鱼龙泣。恨此中、风物本吾家，今为客。

冷泉亭在杭州西湖灵隐寺西南的飞来峰下，为西湖名胜之一。辛弃疾的故乡济南素有"泉城"之称，他家乡的水光山色也堪与冷泉亭一带媲美。

他的家乡在历城（今济南），是山东"家家泉水，户户垂杨"之胜地，那里有著名的七十二泉，其中也有叫冷泉的；大明湖、趵突泉附近有许多著名的亭子，如历下亭、水香亭、水西亭、观澜亭等，也有可观的美景。"风物本吾家"，即谓冷泉亭周围的景物，有和自己家乡相似的地方。南归之后，北方失地未能收复，不但夙愿难酬，且永难再回故乡，他只能长期客居南方，郁郁不得志。此时他触景伤情，无限感伤。

这篇类似游记的小词，写得次序井然。上片渲染冷泉亭周边的环境之幽、之奇。直节堂堂喻竹，夹道冠缨代松，这样一个松竹簇拥的所在，定然幽静。接着从听觉描摹泉声，在如群仙东下的连绵翠谷中，有珮环相撞般急促清脆的声音。泉在飞来峰之下，峰莫非真是自天外飞来？千丈石壁是谁开凿？也许是当年佛用玉斧开出，可凡俗之人，又哪里识得这造化的神奇？

下片写泉。冷泉周围，山木是润泽的，山石也带着水气。一颗颗泉水珠子，如秋露般清莹，如珠玉般澄澈。泉水汇聚成渊，水面清澈，似有鸾凤之影在醉舞摇曳；水下深寒，似有鱼龙在潭下饮泣。斯情斯景，本是自家风物，奈何自己有家难归，异乡为客，一念至此，怎不叫人痛心？

有人说"醉舞且摇鸾凤影，浩歌莫遣鱼龙泣"，是指词人自己在泉边，因一腔忠愤无法抑制，而借酒醉舞，临风浩歌。这样的举动，颇有几分仙气和豪气，也不失辛弃疾热血男儿的本色。

你若是将此"恨"理解为个人小恨，那是你没有真正懂得他的心。此中之"恨"，是中原难圆、山河破碎之恨，也是他南渡而来，九死不悔地求索的根源所在。

登山临水，宴游雅集，节序变迁，无论何时，无论何地，他总是将眼中景与心中意紧紧连在一起，未曾有一时一刻忘却。

人说杜甫是一饭不忘君，而辛弃疾是一时也不忘光复梦。

转眼在临安又近两年。

又是旧年将尽、新年将至的时刻。临安是南宋的都城所在，元宵佳节的风光与气势，自是不同。就在 1171 年的元夕之夜，辛弃疾写下了这首流传千古的佳词。

青玉案
元夕

东风夜放花千树。更吹落、星如雨。宝马雕车香满路。凤箫声动，玉壶光转，一夜鱼龙舞。

蛾儿雪柳黄金缕。笑语盈盈暗香去。众里寻他千百度。蓦然回首，那人却在，灯火阑珊处。

元宵节，是宋人的狂欢节。无论是在北宋还是南宋，元宵节的京城，都是满城狂欢，男男女女，老老少少，都外出观灯。这首《青玉案·元夕》写的则是南宋都城临安元宵夜的繁华热闹。

你看这灯火之盛，这些花灯像是东风一夜吹开的鲜花，东风不仅催开了花，还吹落了流星雨。《武林旧事·元夕》："至二鼓，上乘小辇幸宣德门观鳌山，擎辇者皆倒行以便观灯。金炉脑麝，如祥云五色，荧煌炫转，照耀天地。山灯凡数千百种，极其新巧……宫漏既深，始宣放烟火百余架。于是乐声四起，烛影纵横。大率仿宣和盛际，愈加精妙。"

你看游人如织。宝马雕车香满路，不仅见出骏马名车之多，也写出马上车中人物的身份，车马过去留下一路"香"，自然是奢华豪富之人所留。

你看这气氛之热烈。"凤箫声动"，是写声响，鼓乐齐鸣，见出气氛之热烈。"玉壶光转""鱼龙舞"写出灯的动态变化，"鱼龙舞"，是多人玩龙灯。沿街而舞，如龙游动，十分壮观。《武林旧事·元夕》谓灯之品极多，"福州所进则纯用白玉，晃耀夺目，如清冰玉壶，爽彻心目"。

接着是一个女子的特写：蛾儿雪柳黄金缕。蛾儿雪柳：女子头上戴的饰品。《武林旧事》："元夕节物，妇人皆带珠翠、闹蛾、玉梅、雪柳、菩提叶、灯球、销金合……而衣多尚白，盖月下所宜也。"

她穿戴时髦，盈盈缓步，不追逐热闹芳华，却独自笑语离去。"暗香"，可以理解为她身上的幽香，也可以理解为她去寻找暗香浮动的梅花，她不喜欢灯市的繁华，而喜欢梅花的幽独。她不在华灯下、人丛中穿梭，只静静地守望在灯火冷清的街角，以至于在人丛中寻她千百回都看不到她的身影，而蓦然回

头，才见她孤独而傲然地站在阴影的冷清里。这位孤独高洁的美人，在狂欢的氛围中、热闹的灯市里，却依然保持着一份清醒，一份孤独。

王国维《人间词话》说："古今之成大事业、大学问者，必经过三种之境界。'昨夜西风凋碧树，独上高楼，望尽天涯路'，此第一境也。'衣带渐宽终不悔，为伊消得人憔悴'，此第二境也。'众里寻他千百度，蓦然回首，那人却在，灯火阑珊处'，此第三境也。此等语皆非大词人不能道。""众里寻他千百度，蓦然回首，那人却在，灯火阑珊处"即第三境界，亦是人生的最高境界。

"昨夜西风"的第一境，"衣带渐宽"的第二境，写"渐"的艰辛过程，逐渐深入，俨有"美的理想"所在，不惜以身殉之。"众里寻他千百度，蓦然回首，那人却在，灯火阑珊处"的第三境，写"顿"，于山穷水尽、千呼万唤中，作为"美的理想"化身的那个人终于宛然在目了。

这个代表美的理想的女子，是辛弃疾心中一个不死的梦。

心中坚守着一个收复失地的梦，从"独上高楼，望尽天涯路"，到"衣带渐宽终不悔，为伊消得人憔悴"，寻寻觅觅，上下求索，男儿到死心如铁。只可惜，他始终没有盼到"蓦然回首，那人却在，灯火阑珊处"这样一个成功境界。这个梦，是始终萦绕在他心间的不灭的热情和希望，引领着他穿越现实的冷雨阴风，引领着他始终在现实之上，保持着一点理想主义的光芒。

这个女子又何尝不是辛弃疾自己的写照呢？

举世皆浊我独清，众人皆醉我独醒，位居下僚仍要忧心恢复，这使他与倾城赏灯、直把杭州作汴州的众人好像格格不入。一切的繁华热闹、花团锦簇也似乎与他无缘，他只在灯火阑珊处，冷眼看着这个繁华的人间。

难怪梁启超读了此词后，说辛弃疾是"自怜幽独，伤心人别有怀抱"。这是英雄与英雄的惺惺相惜，也是走在时代前列之人的孤独与宿命。

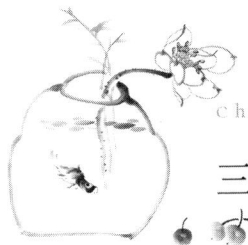

三　江南游子

不遗余力地建言献策，不失时机地高谈恢复，不言放弃地坚守理想，不计小我地长歌当哭，十年的时间，他终于从部门的闲职文员变成独治一方的地方官员。

乾道八年（1172）春，辛弃疾知滁州。他以励精图治的姿态，投入滁州的复兴。两年的时间里，他做得有声有色，可他仍然不快乐。

淳熙元年（1174）春，他又回到了临安。很快在叶衡的推荐下，他又被调至建康，任仓部郎中。一步步高升，他仍然不快乐。

他的战场不在翻云覆雨权谋机变的官场里，不在纸醉金迷蛾眉伐性的温柔乡里，不在因循隐忍苟且偷安的朝政时局里。横刀立马、仗剑天涯、埋骨黄沙的燥烈血性，才是他真正所渴望的。

可是，他身在大后方，身在南方。在这里，硝烟飘到了遥远的尽头，战场已被风沙掩埋，古剑在残风中锈蚀，呐喊在空寂里沉默。

为光复、为战斗而生的灵魂，如此茫然而孤独，如此格格不入。他知道，他仍然什么都不是，只是一个倦游在江南的游子。故乡只在遥远的梦里，向他招手。

憔悴老吴楚

滁州不是北伐抗金的战场，可它离前线不远。历年来天灾兵祸，城郭萧条，民不聊生。

明哲保身，向来是官场中的规则。本来，在这样的环境中，他因循守旧，不求有功，但求无过也就罢了，可他偏偏就喜欢做些有挑战性的事情。愈是艰难，愈有挑战性，愈是见出一个好男儿的担当。滁州的荒凉没有让他灰心丧气，反而让他兴奋难当。如果，去不了梦绕魂牵的战场，权且将这里当作战场吧。

站在这个"废池乔木，犹言厌兵"的地方，辛弃疾作了四个决定：一是宽征薄赋，给百姓以休养生息的机会；二是招流散，让背井离乡的百姓有家可归；三是教民兵，一边恢复生产，一边抗击战乱侵扰；四是议屯田，军队士兵亦兵亦农，亦耕亦战，生产与战斗两不误。

无农不稳，无兵不强，辛弃疾深谙其中之旨。

同时他也知道，无商不活，他便在恢复商业上做文章。他下令，凡过往滁州的商贾，只需要收取历年税收的十分之三；他组织老百姓，重建客栈旅店；他组织民兵兴建了一座大商铺，号"繁雄馆"，吸引南来北往的商贾。

推出系列兴民举措后，他又以大手笔兴建了"奠枕楼"。站在刚刚落成的

楼台上,俯瞰周遭的清明景象,他内心充满了喜悦。此时此刻,与好友李清宇站在楼观上,怎能无词? 很快,一首《声声慢》从他心中自然而然流淌出来了,也算还了朋友的词债。

声声慢
滁州旅次登楼作和李清宇韵

征埃成阵,行客相逢,都道幻出层楼。指点檐牙高处,浪拥云浮。今年太平万里,罢长淮、千骑临秋。凭栏望,有东南佳气,西北神州。

千古怀嵩人去,还笑我、身在楚尾吴头。看取弓刀,陌上车马如流。从今赏心乐事,剩安排、酒令诗筹。华胥梦,愿年年、人似旧游。

行人南来北往,车水马龙,踏起的阵阵尘埃,四处飞扬。路上相逢,他们都交口称赞这座像幻觉一样平地而起的雄壮高楼。他们指点着奠枕楼高处檐边上如牙齿般翘起的地方,那里浮云如波浪翻涌。

如今的长淮太平万里,一片欣欣。秦淮两岸也如滁州一样,再不用在秋日派遣千骑兵马,以作防备。凭栏而望,他看到了东南临安的上空,有一股吉祥之气,是不是皇帝下决心要发兵打过长淮,收复西北的神州?

像我一样怀念嵩洛的李德裕早已离去了,有人笑我,为什么还在楚尾吴头这个地方不走? 看吧,在像刀弓一样的田间小道上,车如流水马如龙。从现在起,我们要尽情地享受这快乐,安排些酒令诗筹,以供人们来这里饮酒赋诗时用。

我要把这里建设成华胥国,愿家国年年昌平,生机勃勃,愿驱逐金人出境,金瓯无缺。虽然这只是个梦,我祝愿人们年年来这里就像旧地重游。

这是辛弃疾的快意之词,多么希望,他就这样一直快意下去,但他总是在要飞翔的时候,收敛了翅膀。别人从"华胥梦,愿年年,人似旧游"中读到的是他的美好愿景,我却从中看到了人生如一梦的悲凉。华胥再好,也只是一梦,即使在俱怀逸兴壮思飞的时刻,他依然是清醒的,他知道,这样美好的心愿,只是梦而已。

无论何时何地,他心中总是放不下那个收复的梦。所以,登楼远眺,他看

到了别人看不到的"东南有佳气，西北神州"，东南虽然可以苟安一时，但不可以忘了北伐中原的大业。在这样官民同庆的日子里，他心之所向是北方，心之所期是朝廷。

所以，与唐代李德裕比起来，他仍处在南北分裂之时代，故土难回，何其不幸。李德裕在滁州建了怀嵩楼，最终回到了故乡嵩山，而他却无法回乡，也许是再也回不去。得意之时，他仍没有忘形，没有忘了自己心中的呼喊。

江南游子，只能站在奠枕楼上，眼望着北方，远望以当归。

他待在这个吴头楚尾的地方走不了，有人却要走了。1172 年秋季，与他并肩治理滁州的范昂接到朝廷新的任命，将去临安。

古时交通不便，一去不知多久，再见不知何年。所以他们在南浦唱支骊歌，在灞桥折条杨柳，甚至在阳关敬一杯酒。

古人送别自有雅人深致，有诗酒助兴，也有衷肠互诉。看着即将离去的友人，思绪翻涌的他，又说了些什么？

木兰花慢
滁州送范倅

老来情味减，对别酒、怯流年。况屈指中秋，十分好月，不照人圆。无情水、都不管，共西风、只等送归船。秋晚莼鲈江上，夜深儿女灯前。

征衫。便好去朝天。玉殿正思贤。想夜半承明，留教视草，却遣筹边。长安故人问我，道愁肠殢酒只依然。目断秋霄落雁，醉来时响空弦。

这年稼轩才三十三岁，词一开篇却说"老来情味减"，有点人未老心先衰之意。其实他感叹的是时光流逝太快，青春岁月不知不觉等闲流逝，人却一事无成，故而有老之将至的生命迫促感。"怯流年"，就是感叹流年虚度。三十三岁做知州，对一般人来说，该知足了，可稼轩是想干大事业的人，青春年华白白耗在这种平凡普通的地方官场生涯中，他深感生命的浪费。特别是友人回朝任职，而自己还待在滁州小郡，他更是心酸。

屈指中秋将到，本该是亲人团聚的时节，可他们偏偏在此时离别，人生几

多无奈！中秋月不解人意，无情之水也不管人的难舍难分，偏偏跟西风一道等着送友人远去。要走的终究留不住，只能想象友人乘船离去的情景，只能遥祝他回家后，夜深灯前与儿女团聚。这样的情景，哪里只是祝福朋友，这分明是辛弃疾自己内心的真切向往。归家却不得归，朋友一去，自己独在异乡为异客，心中的悲伤苦涩，怕早已渗入骨髓。但在人前，这种真实的感受又哪能轻易流露出来呢？

辛弃疾满腹柔情，却又是一个心有家国的大丈夫。如果和友人的送别，一味拘泥在这种儿女情长中，也看不出他的特异之处。家是温暖的后方和港湾，功业却是男人的前方和战场。所以，对朋友的期许，当然也免不了这更为重要的一层。

预祝你回朝后获得重用，在皇帝身边草拟诏书，去边塞筹划军务，文能治国，武能安邦。这是他对友人的期许，也许不乏几许应景的恭维，但这点痴心，却是辛弃疾真心的渴望。他终于忍不住说了一句：若临安故人问起我的近况，你就说我终日借酒消愁，与往日并无两样。

气氛又变得有点悲凉了。

秋日长空里，雁字成阵，它们也要飞向南方。看着这雁阵，他想到引弓虚发、惊落孤雁的更赢——那个在楚王面前一展身手的壮士，他禁不住拾起满腔豪情，从瞬息而至的伤感中振作了起来。他对朋友说：目断秋霄落雁，醉来时响空弦！我老是老了，但壮志豪情仍在！我要的只是一个一展身手的舞台而已！

你以为滁州的一番政绩，能填平他心中满满的空洞？无论何时，无论何地，他都在苦苦坚守着内心那片理想的净土。这个梦想对他而言，具有神奇的魔力。纵然河流干涸，心中始终有一股清泉长流。短暂的悲伤是他的外壳，永驻的豪情才是他的内核。

历史，留下的只是时间的线索，简单而枯索。但它背后的春花秋月，清露寒雪，才是真正有温度的东西，值得人去细细探寻，回味。

1173 年冬，在滁州任上已有两年的辛弃疾病倒了。

英雄累了。

醒来后，他的第一句话是"我想回家"。此时此刻，就连他自己也搞不清楚要回的到底是哪个"家"。

你可以猜测他因何病倒，也能找到很多个假设。个中的况味，只能是当事人辛弃疾最清楚，也需要他一一领受。

他回到了京口居地，送别友人时的"儿女灯前，莼鲈江上"的愿景，终于也变成了他可以体味的现实。而那个心心念念的远在北方的家，是他心底的羞涩处，也是他最大的隐秘。

风景等过客，故乡等归人。

何时才能，从过客变成归人？他不知道。

把栏杆拍遍

淳熙元年（1174）春，病愈后的辛弃疾辟江东安抚司参议官，留在了建康。

这是他第二次任职建康。

人说，背上行囊，就是过客；放下包袱，就找到了故乡。

在这个落满光阴、落满传奇，也充满历史兴亡气息的繁华城市，他的交游圈子也变得越来越大。七年之后，再到建康，他感觉这里的一切恍如昨日，这让他多多少少得到了一丝安慰。

还记得乾道四年（1168），自己曾写过一首《水调歌头》，为时任江东转运副使的赵彦端祝寿，而此时，赵彦端已经致仕归家，寓居在饶州余干县。这次归山对他本人而言，也是无奈。一个赵宋宗室，尚且落得这样萧瑟凄凉的晚境，辛弃疾心中甚是感伤。看到了老朋友述怀的两首《新荷叶》后，辛弃疾忍不住和词一首。

新荷叶
和赵德庄韵

人已归来，杜鹃欲劝谁归？绿树如云，等闲借与莺飞。兔葵燕麦，问刘郎、几度沾衣？翠屏幽梦，觉来水绕山围。

有酒重携，小园随意芳菲。往日繁华，而今物是人非。春风半面，记当年、初识崔徽。南云雁少，锦书无个因依。

这首词用缠绵感伤的笔调，纤秾艳丽的风格，抒发了对友人的思念和物是人非、世事无常的感慨。一变往日的清疏刚健为深细婉约，这让我们看到了一个不一样的辛弃疾，也看到江南的灵秀和柔婉是如何浸润着这个高唱大江东去的关西大汉的心灵和笔墨的。我能感觉到，这笔墨间流淌的江南烟雨。

他说，我已经回来了啊，多情的杜鹃还在劝归，你是在劝谁归呢？他分明已经把这里视作故乡了，建康的一草一木、一鸟一虫都在等待着他的归来呢。这江南的三月，有绿树如云，等闲借与莺飞燕舞。重回故地，但见满地的兔葵燕麦，他想问问刘禹锡，目睹此情此景，您曾几度泪沾衣？前两句我们还沉浸在江南的温柔绮丽当中，心跟着莺燕轻舞飞扬。一句"兔葵燕麦"，立即把人带进人世无常的感伤当中。"翠屏幽梦，觉来水绕山围"，水绕山围既是翠屏上的画景，也是江南的实景，这个"梦"，应是指一种恍然如梦的心境。人生如梦的惆怅就这样从字里行间渗透出来了。

小园芳菲依旧，还记得当年我、你、韩元吉、叶衡、严焕，曾在这里诗酒唱和，如今我携酒重来，而你们又在哪里？往日繁华，而今物是人非。春风半面，记当年你初识歌妓崔徽。旧友星散，空留我孤单一人在这里凭吊往昔。

此时的心意，想你定能感应。

遥望南天云，想把这种心意带给你，只可惜，雁太少，没有一个可以为我传信。

岁月太深，多少繁华成烟；时光太浅，多少守望物是人非。

有人来了，就会有人要走。

有了相聚，就会有离别。

人之一生，总是点缀着各种各样的离别。来到建康后，离别也变得越来越多，仿佛是为了应景，为了呼应这个在历史上承载着最多盛衰无常的城市的气质。

伤离别，离别依然在眼前。再到建康，我没有看见那个政事繁忙的辛弃

疾，只看到了那个不断目送友人从自己的视线或生命中离去的辛弃疾。在不断的离别当中，他的心境也变得越来越难以言喻，有悲伤，有期许，更多的是独在异乡为客、灵魂无法归家的蚀骨落寞。

水调歌头

落日古城角，把酒劝君留。长安路远，何事风雪敝貂裘。散尽黄金身世，不管秦楼人怨，归计狎沙鸥。明夜扁舟去，和月载离愁。

功名事，身未老，几时休。诗书万卷，致身须到古伊周。莫学班超投笔，纵得封侯万里，憔悴老边州。何处依刘客，寂寞赋登楼。

这首词是送别何人，已渺不可寻。但从词的内容上看，这个即将离去的友人，是要到京城谋求高官厚禄去了。从关系上看，辛弃疾与此人应该是相当亲近，说的都是肺腑之言，而没有虚与委蛇的应酬之语。而且，我能隐隐感到，辛弃疾对朋友此去的前景，并不是十分乐观。

夕阳照在建康古城墙的一角，我端起酒杯劝你留下。京城路太远了，你为什么要穿着破旧衣衫一路风尘前去呢？长安路远，远的不只是距离，而是森然的壁垒吧？京城米贵，居之不易。我担心你像苏秦一样盘缠用尽，到头来只会遭到妻子的冷眼，不如早点归来，与没有机心的沙鸥亲近为好。

留不住，留不住，功名如锦绣，梦想在招手。你执意前往，我也只能在明亮的月色下，看着你带满身的离愁乘舟而去。

功名利禄，不到尽头，几时才会罢休？这本来就是一条不归路，一旦踏上去，便无法回头。我劝你呀，还是像古代的伊尹周公一样，饱读诗书，修身养性。人改变不了世界，但可以改变自己；立功不行，还可以立言，立德。所以，我劝你不要效仿班超投笔从戎，即使那样能够万里封侯，也会长期滞留边疆异乡，至老方休。

想必这个朋友和辛弃疾一样，以功业自许，妄想在隐忍苟安的南宋大局之下，用铁血手段在沙场建功。看看自己，南归已十三余年，如今依旧在远离战场的建康做着一些与恢复无关的琐务。正是有了切肤之痛，他才对朋友说出这些掏心窝子的话。只是他内心比谁都清楚，"封侯万里"之后，最终只落得个

"憔悴老边州"，可他依然向往那个能释放自己，能让他活出真我，能让他感觉到至少这一生曾轰轰烈烈地活过的战场。

前路难测，乡关何处？

目送着月色下，你的影子越来越瘦，越来越淡，直到融入了大地，融入了黑夜。一如这蹉跎的岁月，不知何日是个头。

我能做些什么呢？只能像壮志难酬的王粲一样，作《登楼赋》，以慰愁怀，以消离忧。

时光如梭，转眼又迎来了中秋。

这个特殊的日子，最能逗惹人的种种情怀。

想杜甫此时此刻站在清辉之下，正"遥怜小儿女，未解忆长安"；想李白此时此刻正在月下独酌，"举杯邀明月，对影成三人"；想东坡在神游今古之后，以一颗慈悲之心关照着世间人，送出"但愿人长久，千里共婵娟"的朴素祝愿。

此时此刻，他只想将中秋月下的一缕思绪，传递给寓居镇江的吕大虬。吕大虬是自己的至交好友——著名的理学家吕祖谦的从叔父。

胸中有奇气，落笔成诗，自然也会染上异样的色彩。他眼里的这轮万古长存的明月，与常人眼中的到底有何不同？

太常引

建康中秋为吕叔潜赋

一轮秋影转金波。飞镜又重磨。把酒问姮娥。被白发、欺人奈何。

乘风好去，长空万里，直下看山河。斫去桂婆娑。人道是、清光更多。

他用天马行空、诡谲跌宕的天问体发问：把酒问姮娥。被白发、欺人奈何？他以明月为镜，照见了自己的蹉跎。写这首词时，他只有三十五岁，却早已被岁月染白了头。嫦娥回答不了他无理而妙的一问，也无法让时光倒流，许他白发变青丝。

词人醉了，斑驳的月光透过婆娑的树梢，杯中的酒越来越稀薄，而他蘸着微微的醉意，任由心中的狂气越来越浓。

他要乘风而去，直上长空，俯瞰万里山河！苏子恐琼楼玉宇高处不胜寒，终是望月却步，他却是不管不顾地跑到月亮上去了。

他仿佛听见，临安一隅中奏响的《后庭花》婉转而又奢靡，这声音穿过秦淮河的水波，直荡进他的耳中；他仿佛看见，大宋半边风雨半边晴的天空。长江以南风和日丽，长江以北阴雨绵绵。

月色再皎洁，也照不进梦想的角落，也照不进北方的山河。真想砍去月中的桂树，那样，月亮的清光会不会普照南北，普照大宋的每一寸山河？这样的魄力，这样的胸襟，这样的执着，又岂是常人能及？也只有他这样气魄宏大、气象高华、胸有天下的慷慨之人，才能作如是想，才能写下这样高绝的句子。

管他"桂婆娑"是指阻挠收复中原的投降派也好，是指强占北方山河的鞑虏金人也罢，给我一双板斧，插上理想的翅膀，我定然将它砍去，还大宋山河一片朗朗清光！

乘风凌太虚，酒醒后，一切只是好梦一场。

谁人管他月下的狂想和盛开的希望？唯一真实的是，鬓角的白发，和着清冷的月光，泛着寒光。

这心呀，仿佛满盈之后的月亮，瞬间又缺了一角。

人事有代谢，往来成古今。江山留胜迹，我辈复登临。

在建康，他身处闲散之职，纵然内心煎熬，也是无可奈何。日子一天天地过去，迎来，送往，酬唱，宴集，波澜不惊。如果心中没有那一点放不下的志意和念想，像大多数文人一样，这种日子似乎也还算得上惬意。

可若是这样，他成不了辛弃疾，他和绝大多数淹没在历史风烟中的芸芸众生又有何异？

他常常选择独处。独处时最好的去处，莫非登高望远。

如果说倚门望月是闺中女子的永恒姿态，登高望远则是志在千里的男子的永恒守望。从楚骚"袅袅兮秋风，洞庭波兮木叶下"开始，到汉乐府，到唐诗，到宋词，多少有关登临的诗句，多少登临的身影，镌刻在历史的画卷中，

散发着幽幽的气息。

我常常在想，古人为什么爱登高？

"登高必自卑，行远必自迩"，或许站在高处，人才会找到自己在宇宙中的正确位置，才会感到自身的渺小，生一分敬畏之心。

"吾尝跂而望矣，不如登高之博见矣"，或许站在高处，人才能一览众山小，获得如山川般博大雄厚的胸襟和开阔辽远的视野。

登高望远，或抒离忧，或吐乡愁，或凭吊往昔，或感怀今世。登山则情满于山，观海则意溢于海。自然造化以其宽广无私接纳每个奔向它怀抱的孩子，在这里，我们可以暂时忘却营营，忘记自己的身份，任思绪翻腾，放飞自我。

建康以虎踞龙盘的险要地势、玉簪螺髻的秀美风骨、笙歌袅袅的秦淮风流著称。六朝古都又为它增添了文化底蕴，登上建康赏心亭的辛弃疾，与千古文人侠客一样，心中流淌着万千思绪。这首《水龙吟》是他在建康的最好词作，也是他一生中的经典代表作之一。

水龙吟
登建康赏心亭

楚天千里清秋，水随天去秋无际。遥岑远目，献愁供恨，玉簪螺髻。落日楼头，断鸿声里，江南游子。把吴钩看了，栏干拍遍，无人会、登临意。

休说鲈鱼堪脍。尽西风、季鹰归未。求田问舍，怕应羞见，刘郎才气。可惜流年，忧愁风雨，树犹如此。倩何人，唤取红巾翠袖，揾英雄泪。

这年辛弃疾在江东安抚使兼行宫留守叶衡幕下为官，深得叶衡的赏识，然而初夏四月叶衡就离开建康回朝廷任职。辛弃疾好不容易遇到一位知己的上司，可不久叶衡便离去，仕途上失去了依靠，心中不免怅然。这首词，抒发了他英雄失路的感慨、报国无门的悲哀。

这是一个多么傲然又孤独的英雄！他，站在赏心亭的楼头，面对西沉的落日，听着飞过天空的孤雁哀鸣，摩挲着蒙尘的宝剑，拍击着历经风吹雨打的栏

杆，发出阵阵怒吼。

楚天千里清秋，水随天去秋无际。这样的大好河山，此时此刻，在这个江南游子的眼里，竟满是愁恨。秀美的远山，也只是献愁供恨的美人。谁人会，登临意？

我理解他的登临意。落日西下，是时光的流逝，更是他青春韶华、生命时光的徒然流逝。独在江南，他就像天空中的那只孤雁，失了方向，漂泊无依。宝剑蒙尘，是英雄请缨无路的失落，是满腔热血无处洒的沉重悲哀。

拍栏杆，路在何方？

是进是退？他是如此孤独，如此茫然。

他开始给自己设定了种种退路。像张季鹰一样，在秋风起时，抱着人生贵在适意的信念洒脱离去，在故乡的鲈鱼莼菜中寻得乡愁的慰藉？像许氾一样，求田问舍，但求一隅以自乐，又怕愧对志在天下、才华横溢的刘郎。不行，不行。可惜流年，忧愁风雨。这个柔弱无骨的时代，这个破碎不堪的国家，这样被白白消磨的意气，这样流逝不返的年华！他仿佛看见，当年大将军桓温北伐途经琅琊，见自己所种的柳已十围，慨然叹息："木犹如此，人何以堪！"一世枭雄的铮铮铁骨竟也在易逝的年华催逼面前，化为绕指柔情。

退不能，进不得。在江南已经等待了十余年，何时才有请缨杀敌的机会？英雄不禁潸然泪下了！"倩何人，唤取红巾翠袖，揾英雄泪"，不说英雄潦倒，但求美女拭泪，这个孤寂无援的英雄，如此风调不群。摧刚为柔，化雄大气魄为绕指柔情，寓豪壮于婉曲，如天风海雨般的激情到此刻化作一抹温婉的柔情，心也渐渐归于平静。

江水悠悠，似词人的长叹，东流不息。

这蘸着血和泪涂抹而成的文字，每读一次，我仿佛听到一个爱国臣子，一遍一遍地哭诉，一次一次地表白；仿佛能看到他那在夕阳中扶栏远眺、望眼欲穿的孤独而高大的身影。当写下这首词时，辛弃疾怎会料到它竟会成为万古流传的珍品？如果可以，他宁愿以淋漓的笔墨换取一场痛快的征战。

生命就是一种诱惑，在结局来临之前，你只能一步步向前，去探寻那最终的答案。

他只能在理想的路上艰难跋涉。

在建康，辛弃疾与叶衡的关系愈加密切。

叶衡力主抗金，收复失地。同声相应，同气相求，正是这点立场的一致，使得辛弃疾一再向叶衡靠近。任建康通判时，他们二人便有交集。叶衡对辛弃疾的志向与才华颇为赏识，这次辟辛弃疾为江东安抚司，当与叶衡有莫大关系。

辛弃疾不是腐儒，他懂得人世的权谋机变，也懂得一个归正人若想实现自己的宏愿，离不开朝中耆宿权贵的援引。秉持着一颗公心，他对自己的所为甚是坦然。

而叶衡偏偏又是能读懂并理解他的那个人。平日里，品茶，博弈，纵论天下，擘划江山。一个踌躇满志，一个心系苍生，二人在一起，像是赴了一场前世的约定。

这世间，有一种懂得，叫流水知音；有一种了解，叫知己知彼；有一种友情，浅遇深藏。

来到建康不久，叶衡便被召为户部郎中兼枢密使，回京城复命。

一方面，对好友的升迁，他由衷欣慰；一方面，对好友离去，他感到落寞。

自叶衡离去，山山水水中，他都能觅得二人从前在一起时的身影。他写了

一首又一首词，以寄托思念之情。

一日游完蒋山，他写下《一剪梅》呈给时为右丞相的叶衡。

一剪梅

游蒋山，呈叶丞相

独立苍茫醉不归。日暮天寒，归去来兮。探梅踏雪几何时。今我来思，杨柳依依。

白石冈头曲岸西，一片闲愁，芳草萋萋。多情山鸟不须啼。桃李无言，下自成蹊。

蒋山在今南京的紫金山，景致虽不及赏心亭，也算得上一个好去处。叶衡在建康时，他们二人曾相约踏雪探梅，颇有几分雅致。只是今天，他独自一人前往，独立苍茫，日暮天寒，却醉不知返。

"昔我往矣，杨柳依依；今我来思，雨雪霏霏。"他巧借《诗经》的意境，用杨柳依依表达对叶衡离去的难舍之情。又用陶渊明的"归去来兮"，表明了他独立苍茫，不知出处进退，想退归田园却又心有不甘的矛盾心境；田园将芜胡不归，对辛弃疾而言，将荒芜的不是田园，而是他的青春与生命。

带着这分以愁为底色的心境，眼前白石冈头曲岸西，也只是一片闲愁而已。一个人的出行，是身体与灵魂的对话，也是另一半自己的回归。走在芳草萋萋的路上，他觉得山鸟过于多情，用他们的聒噪提醒路人，自己的存在。而他此时此刻，只想像眼前的桃李一样，默默无言，下自成蹊。

"桃李无言，下自成蹊"，带有一点期许的意味，他希望自己不需要再多说什么，是知音，定会明白，定会心有灵犀。其实，他将自己希望得到叶衡提携的一点婉曲心思，已然藏在里面了。

"桃李无言，下自成蹊"，也是对叶衡才德的恭维和揄扬。

这个辛弃疾，聪明得不露痕迹。相信叶衡看到他的这首词后，定然会心一笑。

从独立苍茫的烟雨暮春一路走来，转眼又是夏季。

再次站在赏心亭上，他将这首《菩萨蛮》写给叶衡，也写给落单的自己。他同样将自己的期望和愁闷表达得很委婉，很艺术。一面将建康的好风景呈与朋友共赏，一面在风景中巧妙点染，寄托自己的一点深衷，一缕愁绪。

南归的头十年，辛弃疾主要以策论的方式直接向当权者呈上自己的复兴大计，但这些方式统统都不奏效。滁州是他首次出任父母官的地方，也许是政务繁忙，他没有留下多少词作。但自到建康之后，他的词写得越来越多，也越来越好了。在他看来，词不是供人消遣的工于刻红镂翠的艳科小道，而是他表情达意的陶写之具。在某种程度上，它甚至具有唱酬社交功能。

既然大宋皇帝爱笔不爱剑，那么就用笔来纵横驰骋，虽然他骨子里是不以笔杆子为意的。

菩萨蛮

金陵赏心亭为叶丞相赋

青山欲共高人语，联翩万马来无数。烟雨却低回，望来终不来。

人言头上发，总向愁中白。拍手笑沙鸥，一身都是愁。

这首词起笔不凡，有一种灵动飞跃之势。在他眼里，连绵叠嶂的群山，如万马回旋奔腾在沙场。他赋予青山以动态，以生命力，这些青山就像驰骋在疆场上的自己。它们如此急切，是想前去和高人言语。

偏偏这如轻纱一般的空蒙烟雨，笼罩在天地之间，高人望来终不来，明明灭灭在青山之间，叫人好不烦恼焦虑。这个高人，是叶衡，也是辛弃疾一直期待能识他于槽枥之间的伯乐。

你看他何曾说了半个愁字，何曾向叶衡赤裸裸地表白自己的诉求？他看似漫不经心地为好友描画着赏心亭上所见的奇景，心中却早有百万雄兵在奔腾。从突兀奇崛到望来终不来的低回婉转，他炽热的心也慢慢转凉。

短短四句，内心却早经历了千山万水。现实与梦想的巨大落差，终于让悲戚渐渐袭来。

他仍然不直接说出来。

他将目光聚焦在湖边的沙鸥上。人们都说发鬓因愁而白，若果真如此，那这小小的沙鸥岂不是世间最为烦忧的生灵了？可笑它，一身都是白，都是愁。他将无边的愁消解在一笑一拍手的诙谐中。我知道，这笑里带着泪，只是男儿有泪又怎能轻易抛洒？他只能用这种欲盖弥彰的笑去稀释心中的浓愁。

生活严肃的人，怀抱着理想，不愿自欺欺人，在人生里面总会体验到不可解救的矛盾。理想与现实的永久冲突，让他在矛盾里越陷越深。体验越深，生命便越是丰满浓郁。这便是以悲剧的情绪透入人生。

此时的辛弃疾只有三十多岁，正处在生命中的而立之年，他就像一个悲情的英雄横冲直撞，哪怕是头破血流，也不想回头。

只有到了生命的尽头，一切风景都看透，一切都到了水落石出的时刻，他才能学会以幽默的情绪超脱人生。

一次次跋涉，陪伴他的除了孤独，还是孤独。

人在本质上是孤独的，那些超越庸常的灵魂尤其如是。

但在这个漫长的孤独之旅上，人不得不寻求友谊，寻求联系。没有友谊，则斯世也不过一片荒原而已。

嘤其鸣矣，求其友声。哪怕是没有书写惊天动地的传奇，哪怕是这场知音相赏带着些许的功利成分，但在这片荒原中，在漫长的孤独征程中，有了这份友谊，也会给茫茫沙漠中的行路人一点如甘泉般的慰藉和力量。

在叶衡的引荐下，辛弃疾于淳熙元年（1174）末，迁为仓部郎官。又来到了天子脚下。

四 宦海沉浮

自淳熙二年（1175）夏，辛弃疾任江西提点刑狱起，至淳熙八年（1181）冬，辛弃疾退归上饶带湖终，辛弃疾的仕宦生涯终于发生了重要的转变。自此开始，他开始任职各地监司帅臣，手中多少握有了一些实权，可以管理一路军政。

权，不是他所求，只是他用来实施自己抱负、施展自己才华的工具。他果然没让朝廷失望，在江南扑灭了赖文政的茶商叛乱；在江陵严治奸盗，收效显著；在湖南建立了飞虎军，军队素质为沿江最高。在隆兴知府任上，顺利解决了当地的饥荒……

在这近七年的时间里，他被频繁调动十几次，江浙两湖，他跑了个遍，真是耐人寻味。

辛弃疾实在是太能干了，所以他被调动得特别勤。这是传统上宋廷对大臣惯用的伎俩，不使其久留其位，以防他们积累实力，做出不利于朝廷的事。

召之即来，呼之即去，他不在乎。他只想抓住难得的机会，干出一番实实在在的事业。可是，他的目的达到了吗？

没有。

可惜了他满身的才能，没有被用在他梦寐以求的"攘外"战场上，却被用在对付自己的同胞、镇压叛乱和起义的"安内"上。也许，在接受任命的那一刻，他心有不甘，甚至是深深抗拒，可是他太害怕被闲置，太害怕在因循苟安中荒废自己的激情和余生，就算是用来"安内"，也能给他一个展示军事才能、政治才能的绝佳机会。

抱着对朝廷的一丝幻想，抱着用事功证明自己以谋求进一步施展才能的舞台的美好愿望，他走上了宦海沉浮的辗转路途。

每个人都有自己的时代局限性。很多人都是被时代改变的，只有极少数人是可以改变时代的。

辛弃疾抱着改变时代的宏愿一路踉跄，却发现自己正在被这个时代一步步改变。他是无奈的，也是孤独的。

只是永远不要忘记自己出发时的初心，也不要忘记曾经在这个时节里的每一个自己，这样才不枉此生，不枉一个堂堂男儿的本性。

淳熙二年（1175）平定茶商赖文政之乱，充分展现出辛弃疾过人的指挥才能和军事天才。

南宋的茶商之乱，时有发生，一般规模比较小，时间比较短，很快就被平息。只有赖文政之乱，延续时间长，影响地域广。南宋之所以频繁发生茶商之乱，根源在于南宋的"榷茶"制度。南宋延续北宋茶叶专卖制度，商人要卖茶叶，必须向官府购买"茶引"，即茶叶特许经营凭证。商人凭"茶引"，到茶园、茶户购买额定数量的茶叶，然后去贩卖。南宋的"茶引"，不是购买一次就可以获得长期的售卖权，而是一道道地购买，买一道茶引，只能售卖额定数量的茶叶。

由于茶引的价格昂贵，自愿购买的人很少，于是茶商就私下贩卖。官府严查禁止，茶贩就结伙抱团武装对抗。官府查禁极严，茶贩无利可图，难以生存，就变为盗匪，从事抢劫等违法活动。为了争夺地盘，他们有时互相火拼仇杀，有时肆无忌惮地抢劫居民，有时抢夺客人买下的茶货，有时强掠妇女，以致民不乐居。

淳熙二年（1175）四月，以赖文政为首的茶商之乱，先在湖北、湖南交界的常德、益阳一带为盗，不久，就向湖南、江西进攻。朝廷调派宋金前线的正规军——鄂州军前往镇压，居然无济于事。先后调换三任提刑（相当于现

在的公安厅厅长）、动用上万兵力围剿，也没能控制局势。最后，由宰相叶衡推荐，委派仓部郎中辛弃疾任江西提刑，"节制诸军，讨捕茶寇"。辛弃疾于六月十二日受命，七月初离开临安，赶赴江西提刑司治所赣州，专力督捕茶商武装。

他用了不到三个月的时间，便将茶商武装残部围困在江西瑞金山中。他用了哪些非常手段，又是如何展现他过人的军事才能的呢？

第一步，重兵围困。茶商武装利用山深险阻，打游击战。辛弃疾吸取正规军背负铠甲不利于山中作战的教训，用正规军扼守要道，而用弓兵及大量民兵将茶商武装围困山中，以消耗断绝其给养，迫使其出山。果然，茶商武装无法在山中久待，被迫向岭南逃窜。

第二步，多路伏击。茶商武装向南窜入广东、江西交界处后，被广东提刑林光朝率领的精锐之师摧锋军迎头痛击，其势始衰。只好折回江西。八月底，赖文政等从安福逃到萍乡，辛弃疾派鄂州军率部围剿，茶商武装死伤甚多，又折回逃至安福高峰寺，辛弃疾又派遣土豪到高峰寺合力搜捕。从此，茶商武装大势已去，遂逃至赣州兴国县作最后挣扎。

第三步，招安诱降。赖文政等逃到兴国后，只剩百余人苟延残喘，随时准备投降。辛弃疾就派兴国县尉前往招安，茶商武装全部投降，历时半年的茶商赖文政之乱，在闰九月，终于被辛弃疾平息。

这次成功平叛，再次彰显辛弃疾聪能谋始，明能见机，智足断事，胆能决之，勇能行之的英雄气质。

经此一役，辛弃疾名声大振。宋孝宗得报后，下诏推赏。辛弃疾被授予秘阁修撰。秘阁修撰是优宠贴职，有了这个头衔，他距离真正的安抚使帅臣的实职就近在咫尺了。

淳熙三年（1176），他被朝廷调任为京西转运判官。接着在这一年的秋天又离开江西赣州，前往襄阳府。

平灭茶商军后，辛弃疾的心情充满了狂喜和骄傲，心理期望值很高，对未来充满了幻想。但新任命下来之后，他心头又不免交织着失落和不满，表现出怅惘、忧愁、焦虑种种情绪，心态很复杂。他告别了赣州父老同僚，离开赣州城沿赣江北上，路过赣江边的造口，在这里写下了闻名后世的《菩萨蛮》，并题写在造口驿壁上。

菩萨蛮
书江西造口壁

郁孤台下清江水，中间多少行人泪。西北望长安，可怜无数山。

青山遮不住，毕竟东流去。江晚正愁余，山深闻鹧鸪。

他在造口凭吊当年隆祐太后的遗迹往事。举目眺望西北方向的中原，却被重重叠叠的青山遮住了视线。他站在江边，久久望着江水滔滔流去。直至黄昏降临，暮色四合，深山中传来鹧鸪的叫声，他的心中感慨万千。

在暮色四合的黄昏，站在郁孤台上，眼前是滚滚东逝的赣江水，耳边是深

山里断断续续的鹧鸪声，无垠时空，茫茫宇宙，他这个像棋子一样被调遣的江南游子，心中涌动着难以言传的情绪。

词从郁孤台写起。

一来，郁孤台在赣州旧城西北，辛弃疾的江西提刑司就设在赣州城内，想必他会常常登临，对郁孤台的历史、掌故、地理、风景非常熟悉。二来，郁孤台的子牟望阙典故，正好契合了他此时的处境和心情。

站在郁孤台上，他想到四十年前，金人曾在这里追隆祐太后（宋高宗的伯母）一路抢掠杀戮的情状，想象江水里还流着那时逃难人民生离死别的眼泪。接下来，他像当年的子牟一样，引颈翘首，"西北望长安"，目光久久注视着看不见的北方故都。

国破家亡的一幕尚在眼前回放，那曾作为北宋故都的汴京，如今安在哉？还在带给大宋子民奇耻大辱的金人手上！西北望长安，当然是思念中原沦陷的故都汴京，思念北方的祖国。西北望长安，也指子牟身在江湖之远，心存魏阙之上，也就是范仲淹所说的"处江湖之远则忧其君"。

心存魏阙，可惜被无数重深山遮住视线，无法看到，"可怜无数山"！这句既是眼前实景，也委婉表达了他内心的某种抱怨。"总为浮云能蔽日，长安不见使人愁"，李白不早就说过么？

辛弃疾很聪明，他什么难听的话也没说，什么牢骚也不发，就用"西北望长安，可怜无数山"这样一句眼前的实景，将所有的失望都包含在里面，真正是沉郁顿挫，怨而不怒。

"青山遮不住，毕竟东流去。"赣江滔滔而去的江水，让他想到了光阴易逝。自己的大好年华，就像江水一样永远流走了，再也回不来了。他能想象孔夫子站在江边，感叹"逝者如斯夫"的那种时不我待的焦虑和无奈。青山遮挡了他心向北方的视线，却遮挡不了一去不返的青春时光。

望帝都，叹流水，伤心泪，黄昏愁，纷至沓来的复杂情感，都是纠结于路漫漫其修远，老冉冉其将至。他看不到希望，不知道何时才能受到朝廷重用，何时才能让他统帅千军，杀向北方，收复中原失地，最终实现统一祖国的梦想。

"江晚正愁余，山深闻鹧鸪。"天色已晚，深山里又传来鹧鸪的叫声。整个山谷间回荡着"行不得也，哥哥"的叫声，让他恍然觉得那是江西的父老在声声挽留他，遮道而哭，劝他不要远去。也让他感到此一前去，不知前路如何的迷茫。更让他感到在这个离北伐之机越来越远的宦海中，不知北伐之路还能不能走下去的忧虑。

愁余，就是愁予，让我生愁的意思。语出屈原《九歌·湘夫人》："帝子降兮北渚，目眇眇兮愁予。袅袅兮秋风，洞庭波兮木叶下。"黄昏的赣江上没有美丽的湘夫人，但一样有纷纷的落叶，一样有望眼欲穿的忧愁。在这里他又引屈原为异代知音，而他自己，也正像当年的屈原一样，徘徊在水边，充满了忧伤。

这是他离开赣州之际的一首告别词，一段欲言又止的低回自语。他那么强的个性，却没有在词中抱怨一句朝廷不公，大臣不济，也没有夸耀一句自己剿匪的功劳，奔波的辛苦。他只说青山和江水，只说那里有自己的眼泪，只说光阴如水一样流走了。如此拳拳之心，如此含蓄克制的骚人遗唱，千载之下，仍然让我们悄然动容。

好一个失路的英雄！

人间行路难

　　如果说平叛茶商显示了他勇毅果敢的军事才能，接下来辗转迁徙，为官各方，又显示了他卓越的治政才能。

　　1176年，他一路出江西，经造口，到了襄阳府。但这个京西转运判官还没有做多久，他旋即又被差知江陵府，兼湖北安抚使。这一年是淳熙四年（1177），辛弃疾三十八岁。

　　他的治政才能首先是对官员的任免、赏罚，极分明。

　　在赣江任江西提点刑狱时，他的这种刚严果毅的治政风格已然显现了出来。赣州通判为官清廉，治民有方，他将此人推荐给朝廷委以重任；赣州守臣施元，对老百姓极其严苛，致使民怨沸腾，他便罢了此人的官。

　　知江陵府以来，他上奏武陵县令彭汉老有仁爱之风，严惩对老百姓横征暴敛的兴国县官员黄茂材，对放纵部下殴打百姓的军官逢原，也给予调离原职的处理。

　　而他在湖北任上最得意的是治盗有方。

　　湖北盗贼猖獗，强抢掳掠，无所不为，致使过往商贾纷纷绕道。辛弃疾以其铁血手腕，采取"得贼辄杀，不复穷究"的策略，立即给了心存侥幸之人下马威。这招果然见效，不出半年，湖北竟奸盗屏迹。

　　对非常之人，得用非常手段。这个力能杀人的青兕，又岂是一般软儒中庸

的文官可比？

他杀伐决断的手腕，与他永不磨灭的铁血意志，原本是息息相通的。

但他终究不是玩弄权术的政客，也不是践踏伦常的枭雄。他只是怀抱着英雄梦想、心有万千柔情的悲剧英雄，也是一个被皇权玩弄于股掌之间的一枚棋子。

他的雷厉手段，让天生缺少血性的宋家王室感到隐隐的惧怕，也让以善弄阴柔权术的朝中官吏忌妒。辛弃疾对这帮安然侧身于规则和秩序之中的君臣而言，简直是一个另类。他不知道，他在亮剑的同时也把自己的弱点亮给了别人，日后这些恰成为对方打压他的把柄。

他被频频调动。

1178 年，被调任江西安抚使。

同年春，又被任命为大理少卿，赴临安。

同年秋，又出为湖北转运副使。

频频调动与折腾，在这些要员精心玩弄着权术、打着他们的小算盘时，辛弃疾的大好时光就白白浪费在辗转迁徙的路途上，也浪费在根本无法有所建树的地方政务上。不是他不能，而是他人不许。

他仿佛看到背后射来的那一束束阴冷的目光，那居心叵测的嘴脸，让他想想就觉得悲哀。如果不是为了心中的那点梦，如果不是为了那个登要职以图恢复的理想，他何苦要把自己憋屈成这样？

他太忙，太累。疲于奔命和应付的三载时光里，他竟然没有时间坐下来，好好回望一下自己的内心。灵魂需要滋养，就像身体需要食物。在这近三年的辗转奔波中，我们竟然很少看到辛弃疾留下什么词作。

1178 年春，辛弃疾赴临安途中作了几首词。秋，又在赶赴湖北转运副使途中留下了少量的词。

政事和吏治中，我们看到的是一个按规则生存，尽儒家之道和忠君爱民的辛弃疾。诗词中，我们才能看到一个真实的辛弃疾。因为诗词是他心灵的后花园，在这里，他可以放下自己的面具，吐出内心深处的声音。

倾听它，你才能看到淹没在史官笔法和干枯事件背后的有血有肉的辛

弃疾。

原来，这个大英雄，内心也有一处隐秘的温柔乡。

原来，他内心的那点执念仍然没有放下，也从未曾放下。

赴临安途中，他想起往日的一段艳遇。这也算是对孤身行旅之人的一抹温暖慰藉，对面目全非的青春过往的真诚祭奠。而这个叫东流村的名不见经传的小地方，也因了一段缘分，烙进了辛弃疾的记忆里。

念奴娇
书东流村壁

野棠花落，又匆匆、过了清明时节。划地东风欺客梦，一夜云屏寒怯。曲岸持觞，垂杨系马，此地曾轻别。楼空人去，旧游飞燕能说。

闻道绮陌东头，行人长见，帘底纤纤月。旧恨春江流不断，新恨云山千叠。料得明朝，尊前重见，镜里花难折。也应惊问，近来多少华发。

一道接一道的调令，让这个江南游子真的像飘蓬，一直在路上。

自接到赶赴临安的调令，一路舟车劳顿，自不必言。多少行色匆匆的旅人，正是这样相逢在山水间。途经东流村时，正是野棠花落的暮春时节，匆匆间，又过了清明。

江南如梦，永远停落在每个人的心里。在这里，总是情不自禁地爱上了在烟雨小楼中品茗的闲情，爱上了午后阳光下打盹的慵懒，爱上一朵花的欢颜，一段流光的浪漫。东流，流走的是时光，留下的是辛弃疾的一段浪漫往昔。

记得当年和友人曾在东流雅集，曲水流觞，席间自然少不得佳人佐欢。席间一位在帘后欲抱琵琶半遮面的少女，露出了如纤纤月般的小绣鞋。这样的妩媚惊醒了他心底的春天，于是多情的他系马垂杨，一夕竟欢。次日天明，他便匆匆上路。

身份悬隔，注定了这是一场没有结局的艳遇。转身是必然，诺言变谎言，他重新走上了他的阳关道，而她仍然在风尘中走她的独木桥。不知道她是真的动了情，还是逢场作戏，也不知道他是否只视她为青春底色上的一抹点缀，就

这样，在渐行渐远的路上，他们都成了彼此的过客。

这样的故事，在无数文人墨客身上上演。但我相信，这瞬间的恍惚与心动，对辛弃疾而言，也绝非完全地逢场作戏。至少，这个特殊的少女，从今以后，在他的心灵角落里也占了一席之地。而今旧地重游，他又情不自禁地将这段往昔拾起。

只是如今，楼空人去，只有楼前的燕子还记得她的踪迹。四处打听，才知道心上人已沦为歌妓，绮陌东头也许可以觅见她的身影。过去，因不可重来而令人怀念。但怀念的往往不是那个人，而是那段令人心动的美丽时光以及那时纯真的自己。若此时街角相逢，想必是慌乱多于惊喜，毕竟谁也不会扰乱如今平静的生活，只能对迷了眼的往昔空空叹息。

罢了，罢了，还是不去惊扰的好。即使明朝相见，佳人也如镜中花难以攀折、水中月难以撷取。旧恨已如春日江水流不断，何苦再添新恨，让它像云山千叠。我不是你的归宿，只是你生命中的过客。你记得也罢，不记得也好，彼此交会时留下的光，曾经照亮了彼此灰暗的世界，如此便足够。

对辛弃疾而言，相见不如不见，除了难以有个交待，徒添新恨以外，他还有一段难言的心曲。他在想，如果见到了佳人，她已不是那个她，而我也不是那个原来的我。或许她也会吃惊地问一句：近来多少华发？人说近乡情怯，如今的他是近佳人情怯。年华空逝，青丝变白发，个中的辛酸，又怎能向外人道？即使说出来了，她又岂能懂得他内心苦痛的万分之一？

爱情如此慷慨，让二人遇见；又如此吝啬，让人匆匆离开。或许正是这种残缺与遗憾，才让这段邂逅变得美丽而丰满。也正是这种错过，才能变成日后彼此心中挂念的永恒。

相见不如怀念。

还是在回忆中觅得圆满吧。

借美人为喻，别有怀抱的诗词很多，屈原是这个方面的始祖，就连五代温庭筠的花间香艳之词，也有人从中读出了"离骚初服"之意。这是诗歌传统，不足为奇。

有人将辛弃疾的这首词作如是解，也能解得天衣无缝。但人是多面的，尤其是辛弃疾这样的一个刚柔并济的性情中人，我相信这是他对往日艳遇的真实

追忆。人不正是在得到与失去间，在错过与相守间，学会珍惜，学会体贴，学会用一颗慈悲之心对待这世间的一切的吗？

没有了心，一切都是枉然。

临安途中，他邂逅的不只是往日的一段情，还有故人。行色匆匆的尘途上，得遇故人，也是人生一乐。你我皆是行人，对你说些什么好呢？就说行路难吧。

鹧鸪天
送人

唱彻阳关泪未干。功名余事且加餐。浮天水送无穷树，带雨云埋一半山。

今古恨，几千般。只应离合是悲欢。江头未是风波恶，别有人间行路难。

唱彻阳关泪未干，写得有些夸张了，他要说的是别离难。

功名余事且加餐。既然人世间会少离多，今日一别，不知何时能再见，也不知道还有没有明日。而匆匆行路的人，都如我这般在红尘路上打拼，被风沙迷了眼。想想，人生匆匆几十年的光阴，功啊名啊，利啊禄啊，看穿了，不过是身外余事。唯一能把握的是此时此刻，这真实存在的生命，那么，就别多想了吧，且努力，加餐饭。

作为一个过来人，一样在仕宦途上苦苦奔波，他说的是肺腑之言。只是，连他自己也知道，这世间有太多的看得破，却做不到。

你要走，谁人又留得住？

"浮天水送无穷树，带雨云埋一半山。"船在飞速前行，岸边树如飞梭。远处沉沉的雾霭，遮蔽了层叠的青山。聚匆匆，别也匆匆。

人世间的恨有几千般，离合悲欢只是其中之一，又何必太在意？

江头风波虽然险恶，但跟人世间的艰难险阻比起来，又算得什么？

"江头未是风波恶，别有人间行路难"，好一句至理名言。有人的地方，

就有江湖。有江湖的地方，就有风波。而制造这些风波的，不是别的，正是人心。它释放无限光明，又制造无边黑暗。

看不透的，是人心。看透了的，是伤心。

有人心易变，三年五载便面目全非；也有人心如赤子，十万八千里走过，初心不改。

辛弃疾不是那种不谙世事、不懂人心险恶的白痴，但让他随波逐流，与世推移，将自己变得面目全非，那也是不可能的事。走过了多少人间路，行遍了多少坎坷与险阻，他那颗志在恢复的初心依然难改。

这种坚持，在当时是多么不合时宜。你好我好，苟安江南，大家这样不都过得很好吗？谁愿意听你整日嚷嚷着要打回北方去，整日将光复大计放在嘴边？他们没这个心，更没有这个胆，也无这样的力。他的呼告，简直是和谐音符中刺耳的杂音。

如是，毒剑从暗中飞来。

弹劾，谣言，他时时有所耳闻，他在等待着它们集中爆发。

千军万马、枪林弹雨他不怕，却在这人心的丛林中，他由衷感到了一种恐惧和无力。

人间行路难，又岂是无关痛痒的虚言？

1178 年五月尚在赶往临安，秋季他便又被调往湖北。

这年辛弃疾已年近四十，正是人生的不惑之年。而他对前途、对命运，对南宋朝廷的将来依然充满了未知的疑惑。

自临安赴任湖北转运副使，他走水路先由运河到扬州，然后入长江西上。扬州，也是一个写满故事和传奇的城市。它集江南的灵秀与繁华于一体，同样也是外族入侵的首要目标之一。

这里有最美的明月，"天下三分明月夜，二分无赖是扬州"；这里有繁华富庶的商业，古时有"扬一益二"之称；这里是天下士子向往的温柔乡，风流才子杜牧"十年一觉扬州梦，赢得青楼薄幸名"；这里也写满了历史的沧桑与兴衰，辛弃疾曾说"四十三年，望中犹记，烽火扬州路"。

途经这样一个富有传奇性的城市，辛弃疾禁不住停下了匆匆的脚步，稍作

停留。在这里他和好友杨济翁、周显先相聚，并留下了《水调歌头》一首：

水调歌头
舟次扬州，和杨济翁、周显先韵

落日塞尘起，胡骑猎清秋。汉家组练十万，列舰耸层楼。谁道投鞭飞渡，忆昔鸣髇血污，风雨佛狸愁。季子正年少，匹马黑貂裘。

今老矣，搔白首，过扬州。倦游欲去江上，手种橘千头。二客东南名胜，万卷诗书事业，尝试与君谋。莫射南山虎，直觅富民侯。

绍兴三十一年（1161）秋，金主完颜亮率四路大军南下侵宋，南至扬州，大败采石矶，在瓜洲渡被部属乱箭射杀。这首词便从这段往事开始写起。

上片如战争大片，再现绍兴三十一年（1161）秋冬间南宋军队在采石矶抗击金兵南侵取得大胜的壮烈场面。

开篇两句用形象的画面描写金兵南侵：数十万"胡骑"金兵趁着清秋的落日黄昏南下侵宋，铁骑过去，飞尘滚滚。十月就渡过淮河，攻陷扬州。

而宋朝亦不逊色，十万军队操刀挥戈，列舰待发，层楼耸立，威武之势与自信气度让人心潮澎湃。宋将精诚团结，投鞭飞渡，直杀得完颜亮溃不成军。最终他在瓜洲渡被部下射杀。

"鸣髇血污"，原指西汉时匈奴太子用箭弑父的故事，此处用来写完颜亮被部下用箭射杀，非常绝妙。

宋金大战、采石矶大捷时，辛弃疾正青春年少，在山东率部起义，次年即生擒叛徒张安国渡江南归。当年是何等威武英雄！"季子正年少，匹马黑貂裘"，写的正是青春年少，意气风发，一心杀敌的自己。季子指苏秦，这里辛弃疾以身挂六国相印的苏秦为喻，显示自己当年气吞山河、一往无前的豪气。

整个上片，是对过往辉煌的回忆。

也许年轻的人是无论如何也不肯回忆的，喜欢回忆的人都已经老了，老得必须靠回忆来缅怀一些什么，祭奠一些什么，埋葬一些什么。

那个南归的少年，往日的风发意气消耗在无尽的辗转和他人的筹谋当中，而那个梦中杀敌的战场他竟然再也没有踏上半步。

他不由自主发出感叹：今老矣，搔白首，过扬州。其实他是否已经白发生两鬓未可知，但心境的衰老是一定的，英雄迟暮之感，一天比一天强烈，一天天噬咬着他的心。倦了，真的倦了。

那么，我就像当年的李衡一样，在洲上种千头橘，聊以度过余生吧。

你们二位就不同了，作为东南名士，读书万卷，还是要做一番事业的好。做什么事业呢？我劝你们呀，莫射南山虎，直觅富民侯。这意思是，不要学南山射虎的飞将军李广，白首难封侯。还是多学学那个车千秋吧，做一个恩养富民的富民侯。

我在这句词中，读懂了辛弃疾的言外之意：在这样一个朝代，武将做不得，还是做一个文官来得靠谱。

这片土壤生长不了铁骨，只能滋养阴柔。

蛾眉有人妒

淳熙六年（1179）春，辛弃疾在湖北安抚使任上位子还没有坐热，便又被调任湖南转运副使。

湖南民风素来凶蛮，时有叛乱发生，盗贼也十分猖狂。可能是辛弃疾江西平寇、江陵治盗显示了卓越的军事才能，当湖南有类似情形发生的时候，他们便想到了辛弃疾。

才不见用于对外抗金，却再三用于对内治乱。这样的结局，不是辛弃疾想要的，但他也只能接受命运和皇权的安排。毕竟，一个人要超越他所处的时代，实在太难。

在即将前往湖南的前夕，友人王正之设宴为他送行。席间他作了一首《摸鱼儿》。在这首被梁启超誉为"前无古人，后无来者"的著名词作里，他借惜春怨春，表达了对国家和个人前途命运的深深忧虑。夏承焘曾用"肝肠似火，色貌如花"来评价这首词，甚为精妙。

摸鱼儿

淳熙己亥，自湖北漕移湖南，同官王正之置酒小山亭，为赋

更能消、几番风雨。匆匆春又归去。惜春长怕花开早，何况落红无

数。春且住。见说道、天涯芳草无归路。怨春不语。算只有殷勤，画檐蛛网，尽日惹飞絮。

长门事，准拟佳期又误。蛾眉曾有人妒。千金纵买相如赋，脉脉此情谁诉。君莫舞。君不见、玉环飞燕皆尘土。闲愁最苦。休去倚危栏，斜阳正在，烟柳断肠处。

词之上片，他惜春，留春，怨春。

无法阻滞的是流水，无法留住的是时光。又是暮春将尽之际，曾经姹紫嫣红的满园春色，早已禁不起再来的几番风雨，如锦的美好岁月终将随着风雨逝去。怕见花落，便怨花开。爱到深处，便痴心妄想花儿能否晚些开放，这样才能在人世间多享几日春光。因花开而展颜，因花谢而感伤，因花落而垂泪，这该是怎样的一个有情有义的痴心人。我想象不出，他博大宏阔的胸襟里，怎能生出得如此幽婉细微的柔情。

不忍春的离去，恰是不忍青春年华的逝去，不忍美好的东西离去。这世上只有美的毁灭，能带给人深深的心灵震颤。他因惜春而苦苦哀求春天留下来，却无奈，芳草已萋萋，春天也无路可回。痴到了一定程度，自然会犯傻。他哪里不知道春是留不住的，最是人间留不住，朱颜辞镜花辞树，可他偏偏提出这样无理而妙的请求。

既然留不住了，就只剩下怨了。缄默的春天无情离去，倒是那画檐上的蜘蛛，分外多情，整日抽丝结网，尽力粘住春天里飞飞扬扬的柳絮，留下了春天曾经来过的痕迹。

他单单是在挽留自然的春天吗？不，春光的夭折，象征着美好的逝去。

你可以把这个美好想象成一切与美有关的东西：青春、理想、纯真、热情、初心、希望。

词之下片，寓柔媚于幽咽怨断之中，充满着怨而不怒的幽愤。

在无常的人世里，没有谁可以把握自己的命运，做一个永不失败的赢家。一人，一家，一国，谁不是在命运的浪潮里沉浮？

汉武帝金屋藏阿娇，爱像波涛汹涌，谁又能想到一眨眼工夫她便从皇后的宝座上跌落下来，被幽闭于暗无天日的冷宫？纵然她以千金求得司马相如的

《长门赋》，又何曾留得住已经逝去的过往？

杨玉环纵有羞花闭月之美，有"在天愿作比翼鸟，在地愿作连理枝"的誓言作保，又怎能阻止唐明皇赐给她的那一丈白绫，婉转蛾眉马前死，一抔黄土收艳骨。誓言是用来违背的，终究会输给时间。

赵飞燕纵有美艳舞姿，也终落得自尽的结局，情深时甘愿为你奉上江山国祚，情浅时一切恍如陌路。这世上，哪有一生不变的荣华与盛放？

蛾眉曾有人妒！这世上有多少美，便有多少关于美的毁灭。

借着这些拉拉杂杂的典故，他只是想表达自己忠而被谤的愤慨和世事翻云覆雨的悲哀。

写这首词时，他仿佛看到了一帮宵小对他肆意诋毁诽谤的情形，横飞的唾沫，妒忌的眼神，阴毒的奸笑，还有种种不可告人的险恶用心。所谓的"蛾眉见妒"，绝不是空穴来风。

他早就意识到了，在写给孝宗的札子中，他说："但臣生平刚拙自信，年来不为众人所信，顾恐言未脱口而祸不旋踵。"

他知道自己太能干了，难免会招人忌恨。他也知道，他归正人的身份，是横亘在皇帝和一帮以伦理道德自居的正人君子前的一座山，没有谁会真正地放下成见，毫无芥蒂。他知道自己刚毅果决的作风与整个南宋因循保守的政风与士风格格不入。

一面忧谗畏讥，一面想报知遇之恩，一面想一展抱负，他处在种种矛盾纠结中，内心怎不激愤难抑？

他频频被调动、驱遣，难道就没有一点原因？

其实，他心里跟明镜一样，只是不愿意说破而已。

自湖北往湖南，他选择了走水路由长江乘船至长沙。江行途中，他又写了《满江红》一首，赠给杨炎正、周显先二人。

满江红

江行简杨济翁、周显先

过眼溪山，怪都似、旧时曾识。是梦里、寻常行遍，江南江北。佳处

径须携杖去，能消几两平生屐。笑尘埃、三十九年非，长为客。

吴楚地，东南坼。英雄事，曹刘敌。被西风吹尽，了无陈迹。楼观才成人已去，旌旗未卷头先白。叹人间、哀乐转相寻，今犹昔。

在这首词里，我看到了他深深的倦怠，也感触到了他那慢慢变冷的热血。

南归之初，一切都是新的，都是开始，尽管做着微末小吏，他依然满怀着回归的梦，一有机会，便表白自己的心迹，从未停止过呼告诉求。

而今，南归近二十年，在频频的调动中，光阴虚度，北伐之业遥遥无期，初心未改的他，却越来怀疑这个苟且的时代，能不能容得下他的一个梦。从前的呼告变成了沉郁的人生感叹，变成了一声低似一声的叹息。

两年前他曾任江陵知府，两年后他又重新来到这里。所以"过眼溪山，怪都似、旧时曾识"，这里的一山一水，江南江北，他在梦里现实里都曾走过，都带着熟悉的旧相识气息。他笑着说，人生佳景难寻而生命有限，在这有限的时光里，要好好珍惜眼前美好的一切，哪怕是年老体衰，也要携杖前去，这一生又能磨平几两屐？

只是自己这半生，走的路未免也太多了，频频辗转吴楚、江淮，三十九年里，像一个居无定所的游子，更像是无根无依的浮萍，寄居在这个劳劳尘世，不知哪里才是灵魂的安息之所，哪里才可以求得真正的心灵安宁。

这里曾是吴楚之地的分界，这里曾上演过三国赤壁之英雄事业。如今，这一切都被西风吹尽，没有留下半点痕迹。历史写在风里，写在沙里，写在水里，经不住时光的推移与风蚀，却独独没有写在后来者的心里。

叹往昔，再看今天的自己，又何曾有半点功业？

楼观才成人已去，是说频繁辗转；旌旗未卷头先白，是说岁月消磨。半生奔走，也不过是人间匆匆过客。这哀乐相寻、盛衰无常的人间，自古至今，从未改变。

曹刘有不世之勋又如何？也只是人间过客。自己壮志未酬头先白又如何？仍只是人间过客。在永恒的宇宙里，有情的血肉敌不过无情的江山，我们都只是寄住在这个尘世，匆匆走一遭的过客而已！

参透了人世无常的道理，若能放下，倒也不至于太痛苦。在心灰意冷间，

他仍然无法斩断仕途之念，这一条关于梦想的歧路，是他命定的修行，哪怕是走到天黑，他也要一直走下去。

这年春，郴州县民陈峒起义，连破湖南南部各县城，朝廷派湖南安抚使王佐镇压，辛弃疾此次改任湖南，或许正与协助王佐平叛有关。

到湖南之后，他立即参与了协助平叛事宜。在前去办理公务的一个荒远的乡村道中，他偶逢故人张处父。此时张处父任推官，推官是级别较低的军官。在这个下属兼故人面前，他说出了自己的心里话，流露出对当前职务的不满。

阮郎归
耒阳道中为张处父推官赋
山前灯火欲黄昏，山头来去云。鹧鸪声里数家村，潇湘逢故人。

挥羽扇，整纶巾，少年鞍马尘。如今憔悴赋《招魂》，儒冠多误身。

在耒阳道中偶遇自北方归正的故人，他内心里颇感欣喜。他乡遇故知，本来是件值得高兴的事，但这种高兴并未持续多久。

他的心境笼罩在黄昏的愁云惨雾当中。山前灯火影影绰绰，飘忽不定。山头暮云来去，一片阴沉。稀稀落落的数户人家，在声声唤归的鹧鸪声里，显得更是萧寂。此时此地，我遇见了你，来自北方的故人。

他们一样到潇湘之地，一样来平叛。而当初他们又都是抱着怎样美好的愿望，从北方一路风尘南渡，回到了这个自以为可以给他们一方施展抱负天地的南宋，结果奔波半生，高高的庙堂哪里供得下他的理想？在这个远离抗金前线的异乡，他们又因为同一个不光彩的使命，而相逢了。

与故人一起，话题自然离不开故乡的事。

那时在故乡，正是他们意气昂扬的青春年少，正是他们驰骋疆场、自由挥洒热情的时光。挥羽扇，整纶巾，少年鞍马尘，何等的洒脱，自由，豪放？更重要的是，他们正做着自己最想做的事业——抗金。

如今，他们二人只能像失路的屈原一样，在湘江边上吟着《招魂》，招的是军国之魂，是将士之魂，是勇武刚健之魂。早知如此，又何必当初？再操旧

业，却不是抗金，而是平定起义，真正是儒冠多误身！

也许是协助平定叛乱有功，1179年底，辛弃疾改知潭州，同时兼湖南安抚使。

此时他真正是独自监领一方的官员了。

他知道机遇难求，这么多年来，自己一步步跋涉，不就是为了有一个可以相对自由的舞台吗？在这个安抚使任上，他实施了系列休养生息的利民举措：治理陂塘，赈济灾民，整顿吏治……

更有意思的是，他开始兴办乡社、县学。武能安邦，文能治国，于他而言，不是一句空洞的恭维之辞，他自信有这个实力，而他也正用自己的业绩证明自己的实力。但他又是一个饱读诗书的学养深厚之人，他深知文化传统对一个人根性的塑造，对一个人心灵的充实。在常规治理之外，他通过兴办乡社县学来充实当地人的精神与心灵。

但这些都不是他最想做的，他最想做的事，依然和武力有关，和军队有关。他在骨子里，是一个武将，而不是文臣。只有在这个领域里，他才会得其所遇，得其所求，有种海阔凭鱼跃、天高任鸟飞的优游与自如。

他果然做到了，这便是在他生涯中被视为传奇的举动——建飞虎军。

辛弃疾鉴于湖南控带两广的特殊地理位置，又盗患严重，武备空虚，于是向朝廷提出，依广东摧锋军、湖北神劲军、福建左翼军之例，别创一军，号称飞虎军。获得朝廷许可之后，辛弃疾雷厉风行，在长沙马殷营垒故址建立兵营，招步军二千人，马军五百人，并在广西买马五百匹，战马铁甲皆备。

其实辛弃疾知道，要真正维护地方治安，就得一支过硬的武装。当时南宋主管的地方治安军队，已经烂到根子上了，根本不堪重用。怎么办呢？作为一个精于军事的老兵，他的思维方式非常直接，自己组建一支军队好了。

辛弃疾建飞虎军，并非一帆风顺。先是组建期间，枢密院就有人反对，数次阻挠，而辛弃疾不为所动，加速进行。后来因花费巨大，动以万计，辛弃疾亲自协调斡旋，"事皆立办"。可朝中又有人弹劾辛弃疾聚敛民财，以至于降下御前金字牌，勒令即日停建。辛弃疾受而藏之，不动声色，继续督责监办者，令一月之内建成飞虎营栅，违者军法从事。飞虎营最终如期落成。军营建

成后，辛弃疾向朝廷陈述始末，并绘图缴进，孝宗皇帝才释然。

在筹措经费方面，他煞费苦心，也收到了实效。其中有两件事尤其值得一提：

一是修道路需要石料，可是没有钱买，怎么办呢？辛弃疾便出台了一个政策：一般罪犯，可以拿石料顶罪。这样一来，长沙北边一个叫麻潭的采石场上马上挤满了采石的犯人，石料的问题便解决了。

在这当中最传奇的莫过他在两日内置瓦二十万。飞虎军营寨将成，适逢秋雨连月，负责施工者向辛弃疾报告，造瓦不易。辛弃疾问需瓦多少？回答说二十万。辛弃疾说不用担心，不日可办。僚属不信。他随即命令厢官除官舍、神祠外，号召每户居民取沟瓦二片，结果不到两天，二十万片瓦就全部备齐。僚属为之叹服不已。罗大经对此评论说："大凡临事，无大小，皆贵乎智。智者何？随机应变，足以弭患济事者是也。"

二十年的仕宦辗转，值得忆念的事，也只有这么几件。虽然只有这几件，却足见一个英雄的勇与谋，刚与慧。

但他的所作所为，终于让一些一直以来跃跃欲试的人，明目张胆地上书弹劾他了。

山雨欲来时

风起于青萍之末。

1181 年冬，在改除两浙西路提点刑狱公事不久，辛弃疾便因台臣王蔺的弹劾，落职罢任。对这个结局的到来，辛弃疾应该早有心理准备。一直以来，朝中上下，对他的种种流言和非议早已不绝如缕。

辛弃疾的行事作风，确实是有一些"酷"的地方，这与整个南宋的士风格格不入，特别容易招人非议。他年轻时，在北方义军中曾单人匹马杀了偷盗义军大印的和尚义端，后来又有过率领五十骑突袭金营活捉叛徒张安国的英雄壮举，这些足以证明他是个非常勇武、敢于出手杀人的狠角色。

来到南方后，他又镇压了茶商武装，杀了投降的茶商首领赖文政。宋孝宗虽然表扬辛弃疾"捕寇有方"，但也说他"不无过当"。

任湖北安抚使的时候，对境内的盗贼采取逮住就杀、不加审理的严打政策，也是这种铁腕作风的延续。

在湖南转运副使任上，协助王佐镇压陈峒起义，虽主管粮草，没有直接参与镇压，也招人非议。

改湖南安抚使后，他又做了两件授人以柄的事。一是 1180 年春，他动用了十万石桩积米救荒。擅自动用国家的储备粮，胆子够肥。二是组建飞虎军。用犯人送石料以抵罪，是拿国家法律做交易；为筹集款项，多方筹谋，"用钱

如泥"；在接到皇帝让他停工的手书后，私自藏诏，这是欺君之罪；为维持飞虎军的日常开支，他改税酒法为榷酒法，有人说他借机横征暴敛。

不管这些非议是真是假，也不管这些传言是出自私心公心，有一点可以肯定：木秀于林，风必摧之；行高于人，众必非之。辛弃疾知道他早已成为众矢之的。

山雨欲来风满楼，他在等待那场即将淋下来的暴风骤雨，也不得不为自己谋求一个安身之地。

家，甜蜜的家。

有多久没有享受过家的柔情了？在这样的非常时刻，他对家的渴望也变得越发强烈了。一直以来忙于政务，情感也变得粗疏甚至荒芜。暮春时分，他站在春的尽头，心灵变得异常温润，写下了一首很久没写过的充满柔情蜜意的词。

祝英台近

晚春

宝钗分，桃叶渡。烟柳暗南浦。怕上层楼，十日九风雨。断肠片片飞红，都无人管，倩谁唤、流莺声住。

鬓边觑。试把花卜归期，才簪又重数。罗帐灯昏，呜咽梦中语。是他春带愁来，春归何处。却不解、将愁归去。

或许是离家太久，他想家了，便将自己化身为闺中女子，借伊人的口抒离愁别恨与相思之意。或许，这个女子是他的妻子。频频调任，山程水驿，常常是花了几年几月甚至是更长的时间在路上，可到任不久，调令即刻又来。这样的情形下，怎么可能携带家眷随行？离多聚少，想想闺中人恐怕也跟自己一样，在寂寞漫长的夜里，又对月长叹。

又或许这个闺中女子，只是辛弃疾想象中的一个人，不必坐实。只需要将她看成无数饱受相思之苦的典型即可。

有离别，才会有相思。开篇便从离别写起。

宝钗分，古人分别时常将金钗擘成两半，一人一半，待钗合之时，就是团圆之日，这是彼此贴己的信物。唐明皇与杨玉环，在七月七日长生殿下，月下盟誓之后，也留下钗钿信物。

桃叶渡位于秦淮河与青溪合流处，河舫竞立，满楼红袖。每至春来，桃花灼灼。相传东晋的王献之常来此地迎接他的爱妾桃叶渡河。魏晋名士，越名教而任自然，都是些至情至性的人物，情之所钟，毫不掩饰，竟有如此浪漫的举动。

送君南浦，伤如之何！离人眼中烟柳迷蒙，暗淡了日月。可要走的，终归会走。

他走了，连带着把春日也一起带走了。她的世界里，十有九日是风雨，触目所见如迟暮美人般的落红，片片在风雨中飘舞，可是，谁人去理会呢？更没人劝流莺止住啼鸣，一声啼鸣，意味着春天又远了一步。她不想面对这一切，就连平日爱上的层楼，如今也懒得去了。

等待是漫长的，也是孤独的。

她能做些什么来填充他走后留下的巨大空洞呢？闺中女子，在一个封闭的世界里，又能做些什么？无非是坐在梳妆台前，照花前后镜，然后将鬓边的花取下来，数花瓣，卜归期。然后戴上去，心有不甘，又痴痴地取下来重数。白日的时光在数来数去中消磨了，夜晚又怎样挨过？罗帐灯昏，冰冷的被衾，久久不肯熄灭的灯。折腾了一番，好容易睡着，连梦中都在哭泣，梦中埋怨着他：你带来了春，带来了愁，如今你带走了春，却没带走愁！你在，世界在，春在；你走，满目山河失色，世界仿佛也不在了。

情到深处是怨尤。

一个阳刚豪健的大丈夫，竟将一腔缠绵悱恻之情，写得如此妩媚风流，情意百转，一波三折！难怪有人看到此词后，称"词人伎俩，真不可测"。

这个辛弃疾，到底是个怎样的人物！

不必挂牵，要不了多久，就可以回家了。

就在这年，在建飞虎军的同时，辛弃疾已着意卜居上饶，并着手开始构建他的小窝。

家还没有来得及回，1180年末，朝廷的一纸调令下来，辛弃疾不得不赶赴江西，知隆兴府并江西安抚使。

此时他创建飞虎军还不到一年，本想好好统领这支他亲手打造的飞虎军，以偿夙愿，以备将来不时之需，结果事态根本不往他想要的方向发展。

且怅怅，且念念，他无可奈何地踏上新的旅程。

到了隆兴府，第一件事便是送别前任张仲固。张仲固即将去往利州，知光元府。利州即陕西汉中市，这里可是汉高祖刘邦创下汉朝基业的地方，且离抗金前线不远。离任前夕，辛弃疾设宴为他送别。

席上即兴作《木兰花慢》一首，通过对朋友的期许寄托了他横槊立功的理想，也表达了他英雄无用武之地的落寞。

木兰花慢
席上送张仲固帅兴元

汉中开汉业，问此地、是耶非。想剑指三秦，君王得意，一战东归。追亡事、今不见，但山川满目泪沾衣。落日胡尘未断，西风塞马空肥。

一编书是帝王师。小试去征西。更草草离筵，匆匆去路，愁满旌旗。君思我、回首处，正江涵秋影雁初飞。安得车轮四角，不堪带减腰围。

汉中是汉高祖刘邦起家的地方，所以词一开篇，就结合汉中的历史掌故，从汉高祖在汉中开创基业写起。

想昔年汉高祖，剑指三秦，一战东归，所向披靡，甚是得意，只是当年汉皇的雄风如今安在？刘邦创下如此基业，全在于他识才、惜才、用才，网罗了萧何、张良、韩信等一代英才。那时，君是明君，以伯乐的慧眼，识得了月下受一编书而最终成一代帝王师的张良；那时臣也是贤臣，萧何月下追韩信，又为高祖觅得将才。君臣遇合，云龙相会，怎能不成就一番轰轰烈烈的英雄事业？

可惜如今，君不是那个雄才大略的君，只知隐忍怯懦，所以只落得"落日胡尘未断，西风塞马空肥"的结局。胡尘未断，大敌当前，而塞马空肥，宝剑蒙尘；臣也不是那样的臣，他们没有萧何那样的知人之明，有的只是玩弄

权术、结党营私的机诈，所以他"追亡事，今不见，但山川满目泪沾衣"。

从怀古一路走来，辛弃疾又将笔墨落在了送别上。

他以张良比张仲固，说他此去"小试去征西"，既是期待，也是勉励。期待朋友像张良一样建立不世之勋，以告慰他无法亲身前去施展身手的悲哀。

离别在即，依依不舍的离情别意，他不想直说。以离筵草草，喻无情无绪；以愁满旌旗，寓萧瑟于雄壮。在江涵秋影雁初飞的深秋时节，朋友的背影越来越模糊，直到慢慢淡出了他的视线。

此时此刻，他恨不得车轮生四角，慢下它远去的节奏。

遥想别后，自己定是带减腰围，思念成疾。

目送，目送。远去的哪只是友人，还有他的理想与豪情。他也只能以笔为剑，在翰墨场上挥洒满腔的意气和不平而已。

英雄孤独，英雄无用武之地，是时代的错位与悲哀。生而为人，谁又能真的主宰自己的命运？任你是多么英勇无敌，厚学博闻，倜傥风流，世界还是要以其巨大的神秘置你于无知无能的境遇。

年久日深，一种深深的无力感和倦怠感慢慢地爬进了他的心。他知道，自己该歇息了，只是在等待一个时机。

1180年冬，被罢去相位、隐退家园的洪适作《满庭芳》三首寄来，贤才见妒，英雄荒草，这样的结局和命运，与自己此时此刻的心情和境遇何其相似！抑制不住惺惺相惜之情，他以《满庭芳》一词代简，遥寄给远在他乡的友人。

此时朝中对他的弹劾一再袭来，在这个如泥淖般的政治圈子中，他感觉自己无力辩驳，也不想辩些什么。这些年来，一直萦绕在他心头的退归之思，也变得越来越清晰。如果说前些时日里，卜居上饶，他还带着一丝犹疑。目睹了群蛙鼓吹荒池的政治现实之后，他归隐的念头越来越笃定。

与其在风口浪尖上与一干文人耗费光阴，不如暂避锋芒，以求取心灵的安息。达则兼济，穷则独善，这是古代先贤的教诲。这样的路，别人不是没有走过，好友洪适，不正是如此么？

满庭芳

和洪丞相景伯韵

倾国无媒，入宫见妒，古来辈损蛾眉。看公如月，光彩众星稀。袖手高山流水，听群蛙、鼓吹荒池。文章手，直须补衮，藻火粲宗彝。

痴儿公事了，吴蚕缠绕，自吐余丝。幸一枝粗稳，三径新治。且约湖边风月，功名事、欲使谁知。都休问，英雄千古，荒草没残碑。

整首词时时处处在说他人，也时时处处关合自己。

倾国无媒，入宫见妒，自古红颜薄命。她们接受了多少上天的眷顾，就得承受多少常人所没有的痛苦。而世间一切超出庸常的英才又何尝不如此？既得天地灵秀，就得把一切还给天地。所以英明如洪适者，见妒；英雄如自己者，见妒。这既是对朋友的安慰，也是对自己的劝慰。

因为洪适曾为一朝之相，身份地位与常人自是不同。在措辞用语方面，既要贴合对方的身份，又要贴合对方的神貌，辛弃疾很聪明。他用众星拱月，来形容洪适高高在上的灼灼光华。用高山流水的优雅与从容，来反衬那些鼓吹荒池的群蛙的丑陋嘴脸。用补衮喻洪适辅君治国之才，用藻火之纹饰喻洪适是辅佐宋室宗庙的国之重器。一番铺锦列绣，洪适的富贵雍容之气，闲适儒雅之态，治国理政之才尽在其中了。

作为国之臣子，谁不想竭尽忠悃？你和我一样，都是痴儿，为了国事公事，就像吴蚕吐丝一样，不到死，丝难尽。回头细想，这一生上无愧于天，下无怍于地，中无愧于自己的心。知我罪我，是得是失，懒得去理会。我只抱着清净的初心，像当年的陶渊明一样，一枝粗稳，三径初成，且去约明月，赏清风，陶陶乐以写天真。

那些功名，那些成败，不问也罢。

君不见，英雄千古，荒草没残碑？

漫漫历史长河中，多少英雄豪杰为如画的江山折腰，不惜舍弃自己的生命。豪杰均已成灰，原头野火猖狂。问东风，眼前的这片江山曾经历过怎样的冷暖，怎样的繁华苍凉？就这样静静望着野火吞噬着英雄的残碑，叹息英雄的悲剧命运，叹息世事沧桑，变幻无常。

生命在宏大的时间面前，是这般的脆弱。历史的洪流汹涌而过，留下的，也只不过是几行青史、断碣残碑而已。那些未酬的壮志，壮烈的英雄，都已化作沧海桑田，叫人不堪回首。年华似水，浩浩荡荡，无穷无尽，而人和历史都只是其中的渺小微尘。

如果看清了这点虚无，是不是就能破除执着？是不是会让自己好受一些？

对稼轩而言，他始终放不下。劝慰别人的话，也只是对自己的纾解，当不得真。

淳熙八年（1181），辛弃疾依然在江西安抚使任上。是年春，江右大饥，他又举办荒政。在这个时局下，不做事，肯定无过；做了事，未必有功，反而容易给别有用心之人以口实。

是年，稼轩遣客舟运牛皮至淮东总领所，行经南康军境，被守军朱熹拘留。他写了一封信给朱熹请求退还，朱熹虽退还了牛皮，但心存芥蒂。日后还专门就此事，写了一条申明，以避人口实。因为，辛弃疾运牛皮至军中，到底是借公家之便以谋取私利，还是一心一意解决军需？真相只在愿意相信的人的心中，有人早已拿此事悄悄做起了文章。

三人成虎。即使是些捕风捉影的事，传的人多了，也变成了真。而理学大儒陆九渊对稼轩的为人，也颇多訾议，虽没有指名道姓，但明眼人一看就知道，他说的是辛弃疾。这样一个在士人中极有影响之人的言论，其威力自然非同小可。这让一直以来谋求退居，欲挣脱这个政坛泥淖的辛弃疾心里又多了几分寒意。

是年冬十一月，不知是舆论力量过于强大，还是皇帝畏惧，一道旨令下来，辛弃疾改除两浙西路提点刑狱公事。只是这次，他还没有到任就落职。

这次落职，是因台臣王蔺的弹劾。积蓄已久的政治风暴，终于爆发了。①

这里不得不提宋朝的台谏制度和王蔺这个"言官"的工作作风。宋代设立了御史台和谏院作为中央监察机构，合称"台谏"。在宋代的台谏制度中，

---

① 以下关于对辛弃疾的弹劾，大量参照了赵晓岚女士的《金戈铁马辛弃疾》一书。

规定"台谏官"（也就是"言官"）可以"风闻言事"，就是可以根据听到的一些传闻弹劾官员，不一定要有真凭实据。并且还规定，连皇帝在内都不可以追查传闻的来源，如果传闻失实，也不应追究台谏官的责任。由此产生了一个很大的弊端，就是他们虽然敢于说话，敢于弹劾官员，但所说的话和所进行的弹劾是否符合事实却很成问题。有时候，台谏官甚至成了政治斗争或挟私报复的工具，某一派势力想要打倒另一派势力或是整倒某个人，便利用他们。

辛弃疾也许就是这样中了招，成了台谏官弹劾的对象，尤其不幸的是，他又偏偏碰上了王蔺。王蔺"犯颜忠谏，刚肠嫉恶"，是个有时连皇帝的面子也不给的人物。淳熙八年（1181）八月份他被宋孝宗破格提拔为监察御史。新官上任三把火，他连续弹劾了很多官员，辛弃疾恰好是其中的一个。他列举辛弃疾的罪状如下：

> 肆厥贪求，指公财为囊橐；敢于诛艾，视赤子犹草菅。凭陵上司，缔结同类。愤形中外之士，怨积江湖之民。方广赂遗，庶消讥议。

这段话的意思是：辛弃疾放纵他的贪求之心，把公家的财产当成了自己的口袋；敢于诛杀，把百姓看成茅草一样。不听领导的话，侵犯上级的权威；结交像他自己一样的人物，建立关系网和"保护伞"。他的所作所为让朝廷内外的读书人和普通老百姓都怨恨愤怒。靠着四处送礼行贿，才侥幸逃过了别人的批评和议论。

归纳起来，辛弃疾是这样一个人：一是贪，二是酷，三是难控制，四是好结党营私。

辛弃疾雷厉风行、刚拙自信，无视官场的种种"潜规则"，该出手时就出手，所以，他虽然立了不少功劳，但当时的南宋官场却对他有一个很普遍性的评价："难以驾驭"，就是难以控制，不大听话。而这时的宋孝宗已逐渐失去了进取的锐气，他在用人方面，恰恰是"姑取软熟易制之人以充其位"（《宋史·朱熹传》），也就是喜欢那些听话好控制的人，喜欢重用周必大这样的温和派，对国家、社会的各种问题，用"四君子汤"调理调理，采取保守疗法，虽然效果很难说，但至少不会捅出新的娄子。在这样的背景下，宋孝宗尽管在

口头上对辛弃疾在湖南打击贪官、豪强，创建飞虎军等行动表示支持，但他对辛弃疾这种到哪里都要惹出一堆是非的"难以驾驭"的人物，这种像"大承气汤"一样的猛药、泻药，也就会很轻易地抛到一边了。

对这次遭贬落职，辛弃疾自己有清醒的认识。

他的性格和行事作风必然使他在南宋官场中成为一个"另类"，从而惹来种种"流言"。辛弃疾在湖南时呈送给宋孝宗的《论盗贼劄子》中曾说过这样一句话：

> 臣生平刚拙自信，年来不为众人所容，顾恐言未脱口而祸不旋踵。

意思是我生平刚直笨拙不知绕弯子，对自己又十分自信，近年来很多人都看不惯我，因此我担心话都还没说出口，灾祸马上就来了。这句话其实已经道出了辛弃疾在南宋官场中为什么会成为很多人攻击的靶子的原因。在辛弃疾自己看来，他"刚拙自信"的英雄性格、豪杰作风，正是他不招人待见的根源所在。

辛弃疾被弹劾撤职后的闲居期间，写了一首《千年调》，其中有几句可以看作是对上面这句话的一个补充说明：

> 少年使酒，出口人嫌拗。此个和合道理，近日方晓。学人言语，未会十分巧。看他们，得人怜，秦吉了。

这几句词的大意是说：我年轻的时候仗着酒性，出口就是一些别人听不惯的话。这个要一团和气、合群随大流的道理，我最近才知道。我学习像别人那样说话，但就是学不到家，不能做到十分巧妙。于是只能在一边看着那些像秦吉了一样能说会道的人受尽宠爱。辛弃疾用秦吉了来比喻那些皇帝宠信的大臣，他认为这些人只知道说些随声附和、献媚讨好的话，毫不关心百姓疾苦，而他自己因为不是这一路的人，因为站在老百姓这边说了一些不中听的话，所以就被排斥到了一边。

五　带湖退居

在山雨欲来风满楼的日子里，他已经开始为自己寻找退路，构筑一个暂避风雨的窝了。只是他对君恩、对功业还抱着一丝侥幸和幻想，总也下不了决心。

这一纸弹劾，退与不退已然由不得他。

浑身伤痛，跋涉万里，疲倦地寻找，只为途中与自己的理想相遇。

现在，却只能在中途铩羽而归。

像大多数中国文人士大夫一样，在出处进退、用舍行藏上，他们秉持着"达则兼济，穷则独善"的信条，高高的庙堂安放不了自己的理想，逍遥的江湖倒也不失为一个心灵的放牧地。

他们桌子上摆着"四书五经"之类的道德文章，枕头底下，则放着老庄。得志了，便高视阔步地去治国平天下；失志了，便回到陋室，做一回化蝶之梦。梦醒后，齐贵贱，等生死，则眼前所见无不是四通八达的康庄大道，身旁也无不是周行不殆的造化之机。

辛弃疾也是这样想的。可是他毕竟是辛弃疾，"将种"的血在涌流，英雄的心永不停息，在回归自然的快乐之中，一抹忧愁总是缠绕在心头，不经意间击中几乎忘我的自己。如是，深深的落寞和欲说还休的忧愁，一点一滴渗透……

放下，方能淡若清风，自在安宁。

可他，终究是放——不——下。

带湖退居，不是真正的忘情。隐退，他是忘而有情，退而不隐。

他曾说自己的一生是"三仕三已"，如果把南归这二十年的宦海奔波算作"一仕"，这次带湖退居是"一已"；他还需要经过"二仕二已"的修行，才能真正摒除竞进之心，求得心灵的安息。

辛弃疾选择的退居之地是上饶带湖。

上饶隶属信州，位于信江与丰溪河交汇处，自古以来就是闽、浙、赣三省的通衢要冲。历史上，上饶素有"豫章第一门户"之誉。在南宋半壁江山里，浙江、江西、湖南等地是后方，福建则是大后方，而信州是由后方至大后方的必经之地。

辛弃疾选择了上饶，定有他的考虑。

上饶是"退可居，进可仕"的理想位置，他的仕进之心何曾真正死去？在这个靠近京城临安又远离战争的后方，他一直心存"待价而沽"的东山之志。

上饶又拥有江南风景之秀，"北来之渡江者爱而多寓焉"，人称"一时衣冠之盛"。既有灵秀的江南之景，又有渡江而来的朋友可聚，两全其美，何乐而不为？

他把别墅建在了带湖。

江南的灵秀，多半得自于水。带湖三面环山，一面临水，湖宛如带状，真是理想的卜居之地。

辛弃疾的别墅占地近一百七十亩，其精美清秀程度，连朱熹看了也叹为观止。我无意评论他何以建造得起如此豪华的别墅，这不但是历史之谜，也是他

的政敌数次弹劾他"贪"的口实。他能建如此豪华别墅，宋朝对士大夫的优厚经济政策是其一；他善于带兵，也善于理财是其二；更多的原因则在于其个性。

他不是一般意义的腐儒，更不是只会空谈而无实际经世之才的清流，他的身上有不同于传统士人的异彩。这点异彩，让他在看清了现实的真相后，依然热爱生活。他可以让理想的光芒一直闪耀，但也决不会因为执着于理想，而让生活一苦如斯。

他精心规划着他的带湖别墅。在别墅里，除了建筑居室外，他特意建造了供他读书的书房，名之为"稼轩"。它得名于"人生在勤，当以力田为先"之古训，自此他便以"稼轩"为号，并将以农为本的思想灌注在后辈子女的心中。他一生共有子9人，有女2人，其中有9人的名字中都带有"禾"字，真是很有意思的现象。

他还建造了供诗朋酒友宴饮观赏的雪楼，在特殊的节气或朋友造访之际，登雪楼以抒怀，风雅之至。

当然，最重要的还有水！水的灵动与秀婉，可以滋润北方男儿粗粝疲惫的心。它化成涓涓细流，流进他在退居期间所写的诗文词句里。他还在别墅里开凿了一方池子，引源头活水，时时体尝那"十里春波，一棹归来"的江南意境。

当然，还要种树，种花，种草。他的别墅里除了海棠花，还有梅花、菊花、牡丹、水仙、桃花、兰花等。梅菊二花他涉笔尤多，以其高洁。而竹也是不可少的，无竹令人俗，东坡先生不是说过吗？带湖别墅小径两旁大量栽种着竹子。

还在江西安抚使任上时，他听到带湖新居将要完工的消息后，写下了这首《沁园春》：

沁园春
带湖新居将成

三径初成，鹤怨猿惊，稼轩未来。甚云山自许，平生意气；衣冠人

笑，抵死尘埃。意倦须还，身闲贵早，岂为莼羹鲈脍哉。秋江上，看惊弦雁避，骇浪船回。

　　东冈更葺茅斋。好都把轩窗临水开。要小舟行钓，先应种柳；疏篱护竹，莫碍观梅。秋菊堪餐，春兰可佩，留待先生手自栽。沉吟久，怕君恩未许，此意徘徊。

　　三径，典出西汉蒋诩。当年他辞官归隐，在庭院中开了三条小路，一条供自己走，另外两条只给两个志趣相投的朋友走，其他人来，则一概谢绝。

　　鹤怨猿惊，典出南北朝孔稚珪。他在《北山移文》中写了一个隐居北山的人出去追逐名利，结果北山的鹤和猿对他产生怨恨。接下来，词中开始了一场对话：

　　鹤猿说：隐居的地方已经初步准备好了，可人却迟迟未回。那里的鹤和猿以为他贪恋名利，对他心有怨恨。平时总是把隐居作为人生理想，却又在俗世红尘中奔波不息。衣冠上落满了俗世的尘埃，真是让人笑话。既然已经厌倦了官场，就早点回去；既然决定了回去，就越早越好。

　　难道一定要像古人一样，恋着家乡的美食，才选择归去？你看看，现在是个多么危险的境况。秋江上的大雁听到弓弦的响声，都知道惊慌逃避；行驶的船遇到惊涛骇浪，也知道回港。你正身受四方攻击，怎么还不知道回乡？

　　归来吧，归来吧。

　　你不知道归来有多么美。

　　你可以在东边山冈上盖一座茅屋，将临水窗户全打开，任风满衣袖。你可以乘小船到带湖中钓鱼，任月光侵衣；你可以在岸上种柳，在院中种竹，在院篱外赏梅；你可以餐秋菊落英，佩幽兰香草，像屈子一样高洁。

　　回来吧，山在等你，水在等你。花在等你，树在等你。我在等你。

　　这些托之于鹤猿之口的表白，是一个深受道家思想影响的辛弃疾在说话。

　　"怕君恩未许，此意徘徊"，是一个深受儒家思想影响的辛弃疾在说话。

　　两个人儿，两种思想，心灵在挣扎，在打架。最终还是那个建功立业的入世者打败了那个退隐避世的出世者。虽然，说出这话来，他心里充满了犹豫和徘徊。

1181 年，他无需担心君恩未许，因为这个他一直眷恋的君终于下决心将他一脚踢到江湖里去。

三径初成，意倦须还。带着满身的伤痕和一路风尘，他回到了带湖。在无言的山水中，抖落一地风尘，将自己交付于自然风月山水之中，让它们以一双温柔手，来抚平他内心的褶皱，获得一份生之欣悦。

初回带湖的他，是以怎样的载欣载奔之情，来投入他的心灵港湾中的呀！看看这首《水调歌头》，你便会体会到他的心情。

水调歌头
盟鸥

带湖吾甚爱，千丈翠奁开。先生杖屦无事，一日走千回。凡我同盟鸥鸟，今日既盟之后，来往莫相猜。白鹤在何处，尝试与偕来。

破青萍，排翠藻，立苍苔。窥鱼笑汝痴计，不解举吾杯。废沼荒丘畴昔。明月清风此夜，人世几欢哀。东岸绿阴少，杨柳更须栽。

词的副题叫《盟鸥》，意味深长。为什么是跟白鸥订立盟约而不是跟其他鸟们订约呢？因为鸥鸟只跟那些没有机心的人亲近，凡有猜忌玩弄之心的人，鸥鸟就敬而远之。鸥的这一特性，来源于《列子·黄帝第二》所载故事：有个海上之人很喜好鸥鸟，每天清晨到海上与鸥一同游处。每天来的鸥鸟有上百只。一日，此人的父亲说：听说鸥鸟都来跟你玩，你取几只来，让我玩玩。明日再到海上，鸥鸟只在空中盘旋，再也不下来跟他相处了。

只有真正与带湖相依相伴，才能真正属于彼此，才能觉出它的好来。

带湖水千丈宽阔，宛如打开翠绿色的镜匣一般。闲来无事时，挂杖着屦，徜徉湖畔，竟一日走千回。风轻云淡的自然，让人的心思也变得轻淡，生命在自由中舒展，心里有清凉温柔的情意滑过，浸润得人几乎忘记了自我。

何者为我，何者为物？眼前这白鸥也不是白鸥，它们分明就是我生命中的友人。我问鸥鸟，咱们来订个盟约吧，今日订盟之后，以后天天见面，就是好朋友了。你们知道白鹤在哪里呢？能不能带几只来同住？

鸥鸟好像不解风情，对他的呼唤无动于衷。它们像个小渔翁似的，破开水面的青萍，推开水里的绿藻，站立在苍苔上盯着水面，窥探着湖里的小鱼。这哪里是在责怪呀，分明是充满爱意的嗔怪。

想想此地，往日是荒丘废池，今日焕然一新。明月高照，清风徐来，这个美好的夜，让人沉迷而自失。人世间的欢乐与悲哀，历史的兴盛与衰亡，也是这般周而复始的吧？获知此间秘密，心也变得澄明！还是多种些柳吧，东岸的绿荫太少了些。

在自然的怀抱中，人容易变得满足，也变得宽容。那些往日受过的伤，也在日月流转的交替中，渐渐被淡化被遗忘。

江南游子，二十多年的流浪，终于在这里又找到了家的感觉。

若是你依托自然，依托自然中的单纯，依托于那几乎没人注意到的渺小，这渺小会不知不觉地变得庞大而不能测度。

此地结庐待渊明

无言的山水可安放心灵，有情的朋友可慰藉寂寞，而灵魂的充盈，又要依托什么？

他选择了以颜回、陶渊明作为精神的楷模。

一个是箪食瓢饮，而自得其乐。一个是结庐人境，从容淡泊。

在我看来，他们是两个素心人。他们不想标榜自己，也不是故作姿态，而是以一颗平常心过着一种平平淡淡的生活。

他们不是将生活道德化，而是将生活艺术化。道德化的生活指向崇高，而艺术化的生活指向美与和谐。他们要的不是一种居高临下的道德姿态，而是一种实实在在的艺术化生活。

所以，颜回的居身之所不在高山之上，而是简陋的巷陌。陶渊明的居身之所不在崖穴之下，而在人境、在南村。他们不是在寻找一种姿态，而是在回归一种生活，回归自己喜欢的那种生活，丝毫没有造作。

辛弃疾退居带湖，并不是要做隐士，向世人宣告一种姿态。他只是在寻找一种生活方式，一种能让心灵宁静与自由的朴素的生活方式，这是他以颜回和陶渊明为友的初衷。只是，与这二位精神知音比较起来，他终是没有看穿，到底是热肠挂住。

南归之初的二十年，奔波于仕途的他，选择的精神楷模与此时大有不同。

那时的他欲像诸葛亮一样"卧龙千尺，高吟才罢"，得君臣遇，云龙会。想像张良一样"万里勒燕然，老人书一编"，建立勒名燕然的不世之功业；想像陆抗一样"谁对叔子风流，直把曹刘压"，也想像谢安一样"功业后来看，似江左风流谢安"，更神往汉高祖刘邦的"汉中开汉业"，剑指三秦，一战东归。

此时他的精神版图里，多的却是颜回、陶渊明这样的素心人。

洞仙歌

访泉于期师，得周氏泉，为赋

飞流万壑，共千岩争秀。辜负平生弄泉手。叹轻衫短帽，几许红尘，还自喜、濯发沧浪依旧。

人生行乐耳，身后虚名，何似生前一杯酒。便此地、结吾庐，待学渊明，更手种、门前五柳。且归去、父老约重来，问如此青山，定重来否。

退居带湖期间，辛弃疾常去的地方有博山、鹅湖，还有后来成为他第二个退居之地并埋骨在此的瓢泉。这是他尚在带湖时，觅得的一处泉源，他为它改名瓢泉，还为它写下了这首词。

因家乡在号称泉城的山东，平生所见泉已多矣。但当他初见了瓢泉后，竟感叹"辜负平生弄泉手"，他觉得自己枉担了一个弄泉手的虚名，眼前放着这么好的一眼泉，今天才识得。从红尘中一路奔波而来，早已经满面尘霜，而今有了这一眼好泉，他也可以像当初渔父规劝屈原一样，沧浪之水清者濯缨，浊者濯足。这一眼泉水，好像一直在等待着他，等待着这个有心人慧眼识珠，赋予它生机与灵魂。

此时此刻，他不由得感慨"人生行乐耳"，功业名利，都是身后虚名，这一切哪里比得上生前一杯酒？就在此时，就在此地，我要像陶渊明一样，结庐而居，还要在门前种上五棵柳。

归去，来。

这时的辛弃疾，遥想着陶渊明这个远古的知音，心里充满莫名的感动。

水龙吟
题瓢泉

稼轩何必长贫，放泉檐外琼珠泻。乐天知命，古来谁会，行藏用舍？人不堪忧，一瓢自乐，贤哉回也。料当年曾问："饭蔬饮水，何为是，栖栖者。"

且对浮云山上，莫匆匆去流山下。苍颜照影，故应零落，轻裘肥马。绕齿冰霜，满怀芳乳，先生饮罢。笑挂瓢风树，一鸣渠碎，问何如哑。

此泉形似葫芦，辛弃疾将它改名为瓢泉，正是源于对颜回的致敬。

孔子称赞颜回"一箪食，一瓢饮，在陋巷，人不堪其忧，回也不改其乐"，辛弃疾写了这首《水龙吟》来表达他欲效法颜回，摆脱世间无谓束缚，回归本心、回归自我的情志。

知足常乐，说来容易做起来难。在辛弃疾眼里，古来真正领会乐天知命真谛的人是颜回，但想必当年在用舍行藏间他也经过一番心灵的挣扎，他当年是否也曾问过孔子："粗茶淡饭足矣，又何苦如此凄惶地四处奔波？"

不知道当初孔子是如何回答的，但眼前如珠玉的泉水，像明镜般清莹明澈，早已将他的心灵涤荡得干干净净，无求无欲。这个时候，他如颜回一样，取一瓢泉水来饮，机心息，烦恼消，人间至味也不过是在这简单与自然的满足中了。

结句"笑挂瓢风树，一鸣渠碎，问何如哑"用许由典。据《逸士传》载，许由用手捧泉水饮之，有人见了，便送给他一个瓢。喝完水后，他将此瓢挂在树上，一阵风吹来，瓢发出声响，许由认为这个声音很烦，便将瓢扔掉了。辛弃疾借此表明自己欲做像许由一样的不染俗尘的"洗耳"高人。"瓢"因为"鸣"，反被人所弃，正如自己因为才高而被人所忌。早知如此，为何要"鸣"？做个装聋作哑的傻子反而能保全自己。

我知道，这只是他的愤激之语，当不得真。

山花山鸟好弟兄

三千年读史，不外功名利禄；九万里悟道，终归诗酒田园。

在退居带湖的十年里，他洗去喧嚣，像陶渊明一样，以一颗柔软敏锐的仁心，烛照自然，与万物为友，堂前看山，东篱赏菊。在游山玩水，吟风弄月，观花赏鸟中，将一己之生命与宇宙生命打成一片，物我欣然一处，生意灌注，无所窒碍。

在这里他创作了大量散淡飘逸的山水闲适词，虽然"以气节自负，以功业自许"的他，"有心雄泰华，无意巧玲珑"，却在这江南山水的淘洗下，在"大声镗鞳，小声铿鍧"的豪放之外，多出了几分玲珑清新的婉约。

艺术是孤独的产物，因为孤独比快乐更能丰富人的情感。

独处的时候，一个可怜之人只会感受到自己的可怜之处，一个具有丰富情感的人只会感觉到自己的丰富，感觉到真正的自我。一个拥有真正自我的人，才能获得真正的自由，才能在自由中体悟宇宙与造化的神奇和生机。

博山也是辛弃疾经常光顾的地方。山上有能仁寺，是一个可供读书参禅的好去处。博山寺是幸运的，得辛弃疾垂青，从此在泛黄的史册上留下不灭的光辉。辛弃疾是幸运的，在孤独的跋涉中，能有这样一处可安放自己灵魂的好地方。这是山水与人之间的相互成全。

鹧鸪天
博山寺作

不向长安路上行。却教山寺厌逢迎。味无味处求吾乐，材不材间过此生。

宁作我，岂其卿。人间走遍却归耕。一松一竹真朋友，山鸟山花好弟兄。

因往来博山寺次数太多，他几乎感觉有点不好意思了。好多年了，不向长安官路上行，却常常来山寺转悠，这山寺会不会有丝丝厌倦，不想再欢迎自己？

山寺幽静，适宜参禅。

在静思默想中，我回顾了自己的这半生。

在无味处体会有味，寻求属于自己的快乐；在材与不材之间，度过有限的一生。像殷侯一样"我与我周旋久，宁作我"，而不是像桓公一样"常有竞心"。

人间路行遍，终归诗酒田园。

古人乡无君子，则与云山为友；里无君子，则与松竹为友；座无君子，则与琴酒为友。

那么，就在此处安身立命吧。此地一松一竹都堪为知己朋友，山花山鸟都是亲弟亲兄。这种物我之间的亲密无碍，看了真让人怦然心动。

有人说，豪放是气，婉约是情，气未必专属于男儿，情未必专属女儿，二者兼有，才算完美。效命沙场，奔波仕途，或许适宜豪放；而置身山水，亲近自然，或许适宜婉约灵秀。

在又一次探访博山寺的途中，他偶遇一场雨。雨后的风景，有着平日没有的秀美与妩媚。他忽发奇想，便效仿南宋婉约词宗李清照的风格，写了一首易安体的小词。写得像不像，暂且不论，我却为他笔下的山水自然深深迷醉。

丑奴儿近

博山道中效李易安体

千峰云起，骤雨一霎儿价。更远树斜阳，风景怎生图画。青旗卖酒，山那畔、别有人间，只消山水光中，无事过这一夏。

午醉醒时，松窗竹户，万千潇洒。野鸟飞来，又是一般闲暇。却怪白鸥，觑着人、欲下未下。旧盟都在，新来莫是，别有说话。

这雨来得快去得也快，一会笼罩千山，一会一片澄明。

雨洗去了尘埃，过滤了沉滓，天地间有种让人忍不住要贪婪吮吸的清新。此时此刻，最丰富曼妙的风景，莫过于天边的一抹斜阳，挂在林梢，这如画风景，叫人怎么图画！

远处有酒家，那青旗在风中摇曳，这般清浅自然又恰到好处地点缀在人间。像一种诱惑，又像是亲人的呼唤，他忍不住要走上前。在这样美好的山光水色中，没有什么尘世纷扰可以烦扰他，只需要心无旁骛地过这个夏天便好。

酒后微醺，小憩醒来，但见窗前户外，万千松竹陪护，潇洒磊落，令人神清气爽。时有野鸟飞来，更是悠闲自在。

空中盘旋着几只白鸥，想飞下来和我说说话，犹豫了一下，到底没有飞下来。我们不是早就订了盟约的吗？莫非是忘了我这个旧日相识，不肯下来？

这无理而妙的一问，充满了无邪的天真。

人只有在这种无机心、无挂碍的状态下，才能释放出本性中那个一直被遮蔽的自己。这样的自己，有时连自己都不认识。

白鸥好像成了他词中的常客，在古代诗人心中，它是与江湖隐士相伴的自由的象征。

陶渊明曾歌赞"闲谷娇鸣鸥"的自由畅快。

李白曾抒发"明朝拂衣去，永与海鸥群"的愤激。

杜甫曾羡慕"白鸥没浩荡，万里谁能驯"的不羁。

陆游则表达"平湖烟水已鸥盟"的归去之意。

辛弃疾笔下的鸥，是无机心、无挂虑的纯真，是自由自在的忘情。

一日在博山寺山房中，夜深无眠，见残月的清辉洒满山房，他起床披衣，在中庭散步，看着满天星斗，焕然成章。他想起东坡在承天寺中夜游的情形，不由得在心中默默吟诵：

元丰六年十月十二日夜，解衣欲睡，月色入户，欣然起行。念无与为乐者，遂至承天寺，寻张怀民，怀民亦未寝，相与步中庭。庭下如积水空明，水中藻荇交横，盖竹柏影也。何夜无月，何处无竹柏，但少闲人如吾两人者耳。

东坡有幸，有知音相伴，共赏明月。可独处也有独处的妙处，中庭独步，一天星斗文章，这样的明月良夜，让人情难自禁，恍然若失。

次日清晨，有人来问："悠游山林和侧身钟鼎，哪一处更让你难忘？"

他淡然一笑，说："君向沙头细问，白鸥知我行藏。"

山林的清闲悠然与钟鼎的华贵拘束，孰重孰轻，早已一目了然。

醒来后，他便将在博山寺度过的这一晚，化成了又一篇词。

朝中措

夜深残月过山房。睡觉北窗凉。起绕中庭独步，一天星斗文章。

朝来客话："山林钟鼎，那处难忘？""君向沙头细问，白鸥知我行藏。"

上饶西南有鹅湖山，这里也是辛弃疾足迹常到之处。据说东晋有人在此养鹅，因而得名。山下有鹅湖寺，是唐代大义智孚禅师所建。通往寺的山路十余里，长松苍翠，枝干虬曲。

带湖多雨多湖泊，在上饶居住三四年之后，在游山览水之余，他常常寻觅一处有水泉的胜地，作为出行时的暂住之地，此处便是鹅湖。

历史上有名的鹅湖之会，便发生在这里。而主角不是别人，正是辛弃疾与陈亮、朱熹，此是后话。在往返鹅湖的道中，他也留下了许多优美的词，下面这首《鹧鸪天》便是其中之一。此次，他是为寻找泉源而来的。

鹧鸪天

鹅湖寺道中

一榻清风殿影凉。涓涓流水响回廊。千章云木钩辀叫，十里溪风䆉稏香。

冲急雨，趁斜阳。山园细路转微茫。倦途却被行人笑，只为林泉有底忙。

这是一个夏日的黄昏，暑气未退。行走在通往寺殿的阴凉里，一阵清风吹来，让人倍感惬意。寺庙里很幽静，但闻寺外溪水潺潺，流过回廊，水声淙淙，愈显得山寺的幽静。

寺外林木参天，林中时时传来鹧鸪的啼叫。远处，一片广阔的稻田，溪风送来阵阵稻香。

光影声色香，好一个美如画的世界，好一幅宁静和谐的画面。

很快，这种幽静与安详便被打破了。

辛弃疾很善于调度场面，在你的心灵被静抚摸得极其熨帖之际，他忽然用一种强烈的动感，打破了这种静。

一阵急雨，从天而降。让斜阳下急着赶路的人，猝不及防。为躲避这雨，他在山中的小径里胡乱转悠，越转越找不着方向。几经折腾，甚为疲惫，却被偶遇的行人笑话：谁让你为了一处林泉，在这里瞎忙？

我相信，这嘲笑是善意的。对他们的笑，稼轩定然报之一笑，也不会争辩什么。

只有他自己明白，他在寻找什么。在这种乐此不疲的执着中，他自有他的缘由。

至少，我们看到了一个热爱生活的辛弃疾。

生活中只有一种英雄主义，那就是认清生活的真相之后依然热爱生活。

是一个人感受的丰富性，而不是发生在他生活中的事件的密度，决定他生活的质地；是一个人的眼睛，而不是眼前的景色，决定他生活的色彩。

在自然的怀抱中，辛弃疾充分打开了他的感官，打开了他的心灵之眼，捕

捉到常人所没有的快乐，也捕捉到在忙碌追逐的红尘中所没有的机趣。

这点体会，独享便罢，无须人懂。

除了博山、鹅湖，西面的黄沙岭、云洞，西北的葛溪，南面的西岩、期思泉，西南的南岩，都留下了他不倦的身影和脚步。

生查子
独游西岩

青山招不来，偃蹇谁怜汝。岁晚太寒生，唤我溪边住。
山头明月来，本在高高处。夜夜入清溪，听读《离骚》去。

这次是独游西岩，没有随从，没有呼朋唤友的热闹。独自出行，独自与自然对话，与山水交流，也更好地窥见自己的内心。

偏这西岩是平地而起的突兀一块，周边没有群山为邻。它们都躲得远远的，招都招不来，它如此傲然，又如此孤独。

西岩不必感到孤独，因为稼轩来了。他知道岁晚寒生，怜惜西岩的孤独，特意前来，与它同住。不过，稼轩说他不是自己前来，是被西岩呼唤而来的。西岩与稼轩，情意互通，对彼此的孤独与傲岸了然于心，自然惺惺相惜，引为知音。这西岩分明是自己精神的投射，怎么看，都有稼轩的精气神在里面。

所谓"以我观物，物皆著我之色彩"，此言不虚。稼轩是西岩的知己，西岩是稼轩的化身。

山头的明月升起来了，挂在高高的天宇。人说明月无偏私，普照世间人。可在稼轩眼里，这明月分外多情。它是西岩的知音，也是自己的知音。总是在每个夜里，悄悄地照入清溪，陪西岩听读《离骚》。

将潺潺溪流之声，喻为读书之声，真是新奇。更奇的是，这吟诵声，不是别的，而是吟《离骚》。有人说做真名士不难，痛饮酒，熟读《离骚》便是。稼轩要表达什么？

说他已真正高标出世，如晋宋间人，还是忧愁忧思，块垒难平？

一个人内心清明，触目所见，无不是春。

在寻幽访胜的旅途中，还有一处地方，常常被稼轩提起，那便是黄沙道中。黄沙道具体何在，已无从查考。但它活在稼轩的词中，活得分外美。那首夜行黄沙道中所写的《西江月》，更是光耀千古。

稼轩说过，要学归来的陶潜，堂前看山，东篱赏菊。但他学的是陶潜的精神，而不是他的形迹。陶渊明更喜静，日常生活里，除了要躬耕南亩，"晨兴理荒秽，戴月荷锄归"之外，他很少外出走动。对他而言，"采菊东篱下，悠然见南山"便满含宇宙造化的全部真意。他更喜欢读书南窗之下，作个羲皇上人。而稼轩天性中有不安分的因子，他能静，但更宜动。所以，退居时期的大部分词作，是以寻幽访胜的动为契机的。

宇宙中生生不息的生命力，是他所爱，行程中不期而遇的惊喜与变幻，是他所爱。或许宇宙的生机正在于这周行不滞的"动"之中。这份对"动"的情有独钟，是否在某种程度上，早已预示了，他不可能蜗居一处，就此度过自己的余生？

罢了，罢了。不去想，且跟随稼轩的脚步，以一双充满欣喜的眼睛观赏这扑面而来的黄沙道中的景！

鹧鸪天
黄沙道中即事

句里春风正剪裁。溪山一片画图开。轻鸥自趁虚船去，荒犬还迎野妇回。

松共竹，翠成堆。要擎残雪斗疏梅。乱鸦毕竟无才思，时把琼瑶蹴下来。

在黄沙道中，他与春天相逢，心底里也盛满了整个春天。

"句里春风正剪裁，溪山一片画图开"，我能体味到自他心底流出来的曼妙与欣喜。这个春天，催开了芽，催开了花，也催开了他心中的诗意与温婉。

黄沙道中的山光水色像一幅画卷徐徐打开，多情的春风正在剪裁着诗句来描绘眼前所见。稼轩乘物游心的本领越来越高了，在自然中，他不是他，而是

万物的本心，他能读懂这无言却有情的山水的心思与言语，更能替它们传达出心声。

轻盈的白鸥追随着溪中的小船自在飞去，村边的小狗摇着尾巴迎接村妇回家。天地万物，莫不适性。而摇着尾巴迎接村妇归来的这一特写镜头，在朴素温馨中透出那么浓郁的生活气息。诗人的心啊，此刻定然融化了。

黄沙道中还有他喜欢的松与竹，满目的绿，绿得如堆积一般。松树上残留的春雪，为绿点染了一点白，不甘退场的几枝疏梅，仿佛与松树比拼，又增添了一点红。淡淡地点染之后，色彩也变得丰富起来。最有趣味的是几只黑黑的乱鸦飞上树杪，时不时将残雪蹴踏下来，又为这丰富的画面增添了几许动态的美。

其实，这首词的上片比下片美。上片和谐而曼妙，如水乳交融。下片色彩过于丰富，初春的景致中，若有残雪与疏梅，寒意犹存，又何来松与竹的翠成堆？又或者，松竹本是常青不凋之物，翠色经冬不减，也有可能？

将琼瑶蹴踏下来固然充满了灵动的美，但我多希望蹴踏下来白雪的不是这些带着暮气的乱鸦，而是一只轻灵古怪的不知名的鸟儿。

这到底是稼轩有意为之，还是无意之失？

也不去纠结吧。

另外一首夜行黄沙道中的词《西江月》则是一块晶莹的完璧。它浑然天成，好得叫人无处措手，这是大自然对稼轩的恩赐，还是稼轩对大自然的恩赐？

西江月
夜行黄沙道中

明月别枝惊鹊，清风半夜鸣蝉。稻花香里说丰年。听取蛙声一片。

七八个星天外，两三点雨山前。旧时茅店社林边。路转溪头忽见。

这首词写了他"夜行黄沙道中"的所见、所闻、所感。

黄沙道中的夜景，是诗人眼中所见，更是他心中所见。这样的夜色里，他

该是怎样的平静放松，才能用心看见平日里我们看不见的东西，才能用心感受到我们根本感受不到的稻花的香气。自然敞开怀抱接纳了他这个夜行人，他也敞开了自己久被蒙蔽的心灵，感受到了这样一个看似寻常的夜里，竟有着如此丰富的层次和生命：别枝的鹊，鸣叫的蝉，说着丰年的蛙。还有，和着清风吹送来的稻花香。这一切，都烙着乡村的气息。

夜里的"奇迹"还不止这些。天外厚厚的云层里有七八个星，山前忽然落下了两三点雨，一切都刚刚好的样子。星太多会没了韵致，雨太多会让人狼狈。晴好的夜里，忽然来了两三点雨，这是自然给诗人的馈赠和惊喜吗？更大的欣喜还在后面：旧时茅店社林边，路转溪头忽见。土地庙旁是自己曾熟悉的那个茅店，山回路转之际一座架在溪上的小桥忽然出现在这个夜行人的眼前。

对一个夜行人来说，还有什么比一个简陋朴素的茅店更给人归宿感呢？山回路转处的溪桥，通往那个茅店，也通向了诗人的心灵。

丰富的安静，隐秘的喜悦。这一路，诗人带我们走过晴雨，走过生命。在远离喧嚣城市的乡间，人安静了许多，心灵也安静了许多。如此，甚好。

水清木华的环境，自然孕育出温润如玉的心。在这种不染尘埃的自然中待久了，人心会变得澄明。他在黄沙道中的夜色里醺然欲醉，心灵高翔。

人是自然的孩子，在自然的怀抱中，总会收获以前不曾体尝过的情愫。可我们总是在匆匆的奔波中，忘了看一朵花的盛开，忘了看一条鱼的游动，忘了嗅夜风中的稻花香，忘了听那有如天籁的蛙声一片。忘了抬头看天，看天上的七八颗星；忘了低头看地，看脚下早已陌生的小溪。

走得太远，忘了为什么出发。

慢下来，闲下来，灵魂回到身体里，才能体味到这人间曼妙的风景，才能感受到以前从未感受到的淡泊与安宁。

我们曾如此渴望命运的波澜，到最后才发现，人生最曼妙的风景，竟是内心的淡定与从容。我们曾如此期盼外界的认可，到最后才知道，世界是自己的，与他人毫无关系。

醉里吴音相媚好

上饶的山水给了他欣喜与安宁，上饶的田园给了他朴素与淳真。

在山水中，他更像一个独行者，在自然的怀抱里邂逅一切美，用灵敏的触觉感受一切美，用灵动的诗思传达一切美。在田园里，他则像一个旁观者，站在上饶的乡土上，体味着上饶独有的淳朴民风，也在心里分享着上饶乡民简单的快乐。

走出了城市的喧嚣与繁华，方能感知乡村的宁静与淳朴。

让我们去寻求那些淳朴敦厚的人吧，他们的无知与简单远比我们的聪敏与复杂更可贵。或许这才是生命本来的样子。

田园风光带给稼轩的还不止是这些。

词自晚唐经文人士大夫雅化以来，一直在深而狭的感情世界里打转。苏东坡以其天才之力"一洗绮罗香泽之态"，为词指出"向上一路，新天下耳目，弄笔者始知自振"，但这种天才式的灵感迸发在当时并没有普及。真正实现了词在取材范围上"无意不可入，无事不可言"的词人，不是别人，正是辛弃疾。除了传统意义上的咏史咏物、登临怀古、赠别酬唱词之外，他"驰骋百家，搜罗万象"，凡目之所见，心之所思，皆可入词。

像他这样大量用词去写农村生活、田园风光的，辛弃疾是第一人。

他笔下的上饶农村淳朴、清新、和谐、安宁，美得像陶渊明心中的那个桃

花源。

桑麻，一提到这两个字，就能嗅到一股甜蜜的乡土气息。

它为先民们铺设了朴素的生活背景，让他们在土地上深深扎下了根。吃的是粗茶淡饭，穿的是粗布麻衣，埋骨需要的是桑梓之地。

它护佑着它的子民，像护佑着它的孩子。桑林之下有着最原始的生命狂欢和沉醉。桑林中有着最深切的期盼，也有着从心底自然流出来的生之欢悦。

《诗经》中提到的树木有五十多种，最多的是桑树。《桑中》《氓》《七月》……还有《十亩之间》，都可以看见桑的影子。桑，是古代劳动人民心目中的家园、故乡，某种意义上，它甚至是一种图腾。

华盖般的桑树，站成永恒的姿势。一半在风中飞扬，一半在尘土里安详。飞扬的是男男女女欢悦的情思，安详的是永难割舍的故园之思。

如家园般的桑林啊。不需要华丽的言辞，不需要高深的理论，就是那样从容地站在原野里，站在先民的房前屋后，成为他们的庇护，成为与他们血脉相连的一部分。

辛弃疾笔下的乡村，自然也少不了这重要的一份子——桑。

鹧鸪天
代人赋

陌上柔桑初破芽。东邻蚕种已生些。平冈细草鸣黄犊，斜日寒林点暮鸦。

山远近，路横斜。青旗沽酒有人家。城中桃李愁风雨，春在溪头荠菜花。

春来了。

乡村路上的桑树已经冒出浅绿色的幼芽，柔嫩浅碧的芽长在了树梢，也长在了乡民的心里，诗人的心里。一种看不见却满溢的欢欣流淌在空气中。农家屋里的蚕种已孵出小蚕，白白的蚕儿躺在柔嫩的桑叶上。在乡人充满希望的目光爱抚下，蚕儿在安然成长。

村头的土坡上，几头黄牛犊正低头吃着细嫩的小草，时不时叫几声，像是呼唤同伴，又像是在把母亲寻找。夕阳下，几只乌鸦掠过林梢，天色渐晚，它们也要回家了。天地万物，各得其所，一片和谐与安详。

好春光，定然要醉一场。

远远近近重重叠叠的山，横横斜斜弯弯曲曲的路。路旁果然有一户人家，那酒招子在远远的地方向他招着手，仿佛在说：来吧，来吧。

走近酒家，才发现春在陌上，春在平冈，春还在酒家溪头的荠菜花上。天地没有偏私，将春光赐予每一位属于它的子民，荠菜花小，却也满是春。天地却又有偏私，此时此刻，城中的桃李怕风愁雨，在余寒的威逼下，无法绽放。而乡间的万物，却早已是一派蓬勃盎然的春之气象。

其实，大自然何尝有偏私？

在别有会心的稼轩眼中，摆脱束缚、自由无碍者自然早占春光。

桑麻里若没有人的出现，好像少了点人间烟火气息。

别急，在春日柔桑萌芽的时节，在游春觅酒的熟悉身影中，我们很快就能见到这些与桑麻息息相关，生于斯，长于斯的乡民了。

鹧鸪天
游鹅湖醉书酒家壁

春入平原荠菜花。新耕雨后落群鸦。多情白发春无奈，晚日青帘酒易赊。

闲意态，细生涯。牛栏西畔有桑麻。青裙缟袂谁家女，去趁蚕生看外家。

鹧鸪天
鹅湖归病起作

著意寻春懒便回。何如信步两三杯。山才好处行还倦，诗未成时雨早催。

携竹杖，更芒鞋。朱朱粉粉野蒿开。谁家寒食归宁女，笑语柔桑陌

上来。

第一首词，是他春游鹅湖后，酒喝得有点多了，醉后诗兴大发，随手写在了酒家的墙壁上。古人有题壁的习惯，但多是题在驿壁或有特殊意义的石壁上，像稼轩这样醉后书于酒家墙壁上的，真是随性随意得很。想必酒家对这位大词人的题壁，定是欢喜的。

稼轩似乎对荠菜花情有独钟，其实这与乡村的民风民俗有关。立春时节，民间有咬春习俗，在这一天，人们吃春饼，做春盘。他们会在野外挑荠菜，一叶叶的菜里蕴含着无限的春。他们将这些荠菜做成春饼或春盘，实实在在地用牙齿来咬住春。

在这个立春日，稼轩虽是满怀欣喜，但也有一丝落寞。意态悠闲中，有种时光太宽、而年华太窄的伤感，他赊来一壶浊酒，独坐在酒家，时不时看看外面。

这时候，村头路上走来一位身穿青裙白衫的年轻女子，步履有些匆忙，神情满是期盼。原来，她要回娘家。

第二首词，写于一次游鹅湖生病后。病后意绪有些慵懒，便又想找些酒来喝。可能是病体初愈，原来很好走的山路，竟然也觉得有点累。偏这时，还来了一场雨。哦，原来是寒食节了。寒食清明紧相连，又该是雨纷纷的时节了。

这时，他又看到了一个女子，不知是谁家的女子，也是要回娘家。想她心情是大好的，这不，她正言笑晏晏地从种满桑树的路上走了过来。

为何在春天的节气里，总会见到女儿回娘家？

辛弃疾无意间留下的几首词，为我们记下了南宋时候的民俗。立春至寒食前后，民间有出嫁女子回娘家的习俗。出嫁的女儿回到娘家，重温骨肉亲情，感恩父母的养育之恩，同时也许下美好的祝福。

中国人的习俗，几千年都离不开氏族的根系之情。落叶归根，无论漂泊到何方，都要在春天的这个时节再次踏上故乡的土，以寄乡思，以托虔敬。女儿是嫁出去的人，泼出去的水，在春天回归大地的时分，她们也要回归到生她养她的家。

在看似漫不经心的笔触里，我们看到了中国人特有的乡情和习俗。而那些

在红尘中奔忙的人，也许早已将这种感恩或感动淡化，甚至是忘记。当看到这些女儿家的时候，稼轩心里在想些什么呢？

看到了乡村的女儿回娘家，你可曾看到乡村的婚嫁？

在都市的茶楼酒馆里，文人的雅集聚会里，断然看不到这些充满泥土气息的乡风民俗。他的笔下，不但有桑麻，有人家，还有鸡鸭。

想是在这里生活得久了，他早已和当地的乡民没有了隔阂。他们用宽容的胸怀接纳着这个无事醉醺醺，到处看到处走的来自京城的大词人。村头、酒馆，都成了他随意抒怀、随意发表大作的地方了。这不，他又忍不住在某处村舍的墙壁上题下了这一首词：

鹧鸪天
戏题村舍

鸡鸭成群晚不收。桑麻长过屋山头。有何不可吾方羡，要底都无饱便休。

新柳树，旧沙洲。去年溪打那边流。自言此地生儿女，不嫁金家即聘周。

黄昏时分，村前成群的鸡鸭自由地蹓跶，主人还没唤它们回家去。村头的桑麻苍翠茂盛，高过屋顶。这地方我曾来过，村边的沙洲还是那个沙洲，可柳树已不是那棵柳树，沙溪中的流水也已改道，去年从那边流，今年却从这边流了。村里的人家都是亲戚连亲戚，生了儿女，不是嫁到金家做媳妇，就是娶周家的女子为儿媳。婚丧嫁娶，原来是这般简单而淳朴。没有机心，没有算计，都是乡里乡亲，知根知底，只要抱着一颗朴素的心，将烟火日子踏踏实实地过，在这个封闭的世界里，他们自然也能活出一分圆满与自足来。

春夏秋冬，四季循环。

人便在这循环里，顺着天时动。

起，承，转，合。这四个字恰恰就是四季的本质。起始如春，承续似夏，

转变若秋，合拢为冬。合在一起，便是地球生命完整的一轮。

乡村的人不懂得什么天人合一，他们却按着天时，循着自然的本性走过自然的四季，也走过他们人生的四季。如果冬天里忧虑春天的姗姗来迟，春天则担心冬天将至，不停忧虑，虚度光阴，又有何欢乐可言？

在某种意义上，淳朴的乡民就是哲学家，也是悟道者。

他们顺应天时，顺应人性，在什么季节做什么事，到什么山上唱什么歌。该吃时吃，该睡时睡，若无闲事挂心头，便是人间好时节。

我们看到了他们在春天里养蚕采桑，播种耕耘；看到了春天里的女儿，回到娘家。那么，再随着稼轩的脚步，来到乡村的夏季吧。

鹊桥仙
己酉山行书所见

松冈避暑。茅檐避雨。闲去闲来几度。醉扶怪石看飞泉，又却是、前回醒处。

东家娶妇。西家归女。灯火门前笑语。酿成千顷稻花香，夜夜费、一天风露。

这个夏季里，稼轩依旧在闲逛。在一片山冈的松树林里避避暑，在一间茅草屋里躲躲雨，在山间的一处怪石旁，看飞泉流泻。他在这里曾醉过，醒过。

适度的闲散对一个人来说，是良药；竟日闲散对一个人来说，却是毒药。或许是闲散得久了，此时的稼轩，带着几分慵懒，几分落寞。

可落寞是他这个局外人的，乡村的生活，却在如火如荼的夏日，如火如荼地进行着。

他们依旧繁衍生息着，你看东家娶妇，西家归女，好不热闹。灯火已黄昏，乡民们的欢意挡也挡不住，从晨光熹微，到华灯初上，笑语声声，给这个黄昏增添了几分暖色。

我在想，为什么稼轩写的"东家娶妇，西家归女"，在灯火时分？这或许也是应了古代的一种习俗。在我国古代的婚礼中，男方通常在黄昏时分到女家

迎亲。这种"男以昏迎女，女因男而来"的习俗，就是"昏""因"（婚姻）一词的由来。

这一静一动，一闲一忙，一无聊一充实之间，我们看到了两种不同的人生状态。

他到底还是被这种喜悦感染了。

"酿成千顷稻花香，夜夜费、一天风露"，从嫁娶的繁衍生息当中，他看到了自然万物的生生不息。天地有大美而无言，日月有大功而不争。它们只是在默默中，将自然的恩泽洒给万物，就像这眼前千顷的稻香，不正是那不言不语的风露在悄无声息的暗夜里，默默酿就的吗？

如此看来，稼轩也成了一个哲学家，一个悟道者。

想必夏日黄昏里的一点参悟，定可告慰他隐隐的失落。

春是起，夏是承，秋是转。

春是生，夏是长，秋是收。

日子在不知不觉中，又是一度秋凉。秋天的稼轩，也要到山园检校他将近一年的成果了。他收获了什么？又看到了什么？

清平乐
检校山园，书所见

连云松竹。万事从今足。拄杖东家分社肉，白酒床头初熟。

西风梨枣山园，儿童偷把长竿。莫遣旁人惊去，老夫静处闲看。

词中提到秋日里一个重要的节日，秋社。

秋社一般在立秋后的第五个戊日，这天官府与民间都会祭神。人们以社糕、社酒来祭祀各方神祇，富贵人家还会用各种各样的肉食祭品做成社饭，请客供养。春祈秋报，他们用这种虔诚的方式向神明报告一年的收获，也报答神明恩赐的风调雨顺，借此表达出他们的敬畏之心。

秋社结束，官方的祭祀用品会分给乡民。这便是稼轩所说的"拄杖东家分社肉，白酒床头初熟"。

秋天是枣成熟的季节。他怀着自足自适的心情，到山园看自家枣园的收获，却看见远处枣树下有几个小孩子，正拿着长竿偷打枣儿。有人正准备前去驱赶，稼轩摆手制止。他站在僻静的地方悠闲地看着那些孩子。

好一个慈眉善目的英雄稼轩。

乡村的淳朴唤醒了他未泯的童心。从这群偷枣的小儿身上，他看到的是自己儿时轻尘未染的纯真岁月，是清澈的赤子之心。

真正把四季中乡村的和谐安宁刻画得题无剩义、熨帖妥适的，恐怕是下面这首《清平乐·村居》。它是农村生活的特写，也是农村生活的全貌。它是乡民生活的真实写照，也是稼轩心中的一抹诗意。那弥散在词中的一团"和"气，令人沉醉。

清平乐

村居

芳檐低小，溪上青青草。醉里吴音相媚好，白发谁家翁媪？

大儿锄豆溪东，中儿正织鸡笼。最喜小儿无赖，溪头卧剥莲蓬。

人与人是和谐的。这是一个家庭，人与人的和谐就是家庭成员之间的和谐。首先映入我们眼帘的，是一对老年夫妇。他们在做什么呢？在聊天。是"相媚"式的聊天，既让对方开心，又为对方的开心而开心。加上吴地方言特有的软媚，以及醉里的口齿缠绵与内心畅快，其中的快乐、满足与幸福，就连千年后的我们也能真切地感受到。夫妻俩的大儿"锄豆溪东"，二儿"正织鸡笼"，三儿"卧剥莲蓬"。壮者各忙其事，少者自寻其乐。老的、壮的、少的，似乎都在过着他们那个年龄段应该有的生活，而且都在尽情体味、尽情享受他们各自生活中的乐趣，自然而和谐，满足而快乐。

人与自然也是和谐的。临溪而居，门外青草如茵。虽然只是低矮的茅草屋，但丝毫没有给人寒酸的感觉；相反地，正因为是"茅"屋而且"低小"，才能和周围的青草、小溪，以及溪中的莲花、岸上的豆苗相融相谐、

相映成趣。他们的生活亦如同门前流过的小溪那样，自然、恬静、澄澈、生动。

这样的村居，这样的和谐，是辛弃疾在风波场上无论如何也体会不到的。

　　除了寄情山水，醉心田园外，辛弃疾在上饶退居期间，还有着广泛的人际交往。与他交往的除了故交旧友外，还有很多当地名士和政治人物。他们或宴饮集会，或结伴山游，或诗词唱和。

　　他写了大量的酬唱应和之词，但其中最真挚动人的篇章，基本都留给了相交的故友，如陈亮、杨济翁，还有亦徒亦友的范廓之、杨民瞻等。与这些朋友交往时，他袒露的是真性情，真感情。对一些与他境遇相似的南归者，他也是情真意切。流寓异乡的境遇，怀才不遇的悲愤，让他有"同是天涯沦落人，相逢何必曾相识"的体贴与共鸣，如汤朝美、韩南涧、赵昌甫、赵达夫、赵晋臣等人，其中他与韩南涧的交往尤为密切。

　　栖隐林泉也好，优游乡间也罢，那只是你看到的一个辛弃疾。你看不到的另一个他，仍心存激昂与热望，这种热望时时迸发出来，濡染在字里行间，那股勃放的豪气，洗不去也藏不住。

　　这一面，他只在故交好友的面前，才表露出来。退居带湖的日子里，访朋问友不在少数，诗酒唱和也不在少数。但这些唱和的文字里，有时你看不到他的真面目，在应酬场上说一些场面上的言语，当不得真。

　　真实的眼泪，只流给知心的人看；知心的话语，只说给知心的人听。

水调歌头

九日游云洞和韩南涧尚书韵

今日复何日，黄菊为谁开？渊明谩爱重九，胸次正崔嵬。酒亦关人何事，政自不能不尔，谁遣白衣来。醉把西风扇，随处障尘埃。

为公饮，须一日，三百杯。此山高处东望，云气见蓬莱。翳风骖鸾公去，落佩倒冠吾事，抱病且登台。归路踏明月，人影共徘徊。

这首词是和韩南涧所作，写于他退居带湖的第二年。那时与他志趣相投、志在恢复的韩南涧，正寓居信州，二人相约游云洞。

这日是重九，传统的登高赏菊的日子。傍地而开的黄菊，在他看来，为渊明而开，也为他和朋友而开。也难怪渊明爱这个特殊的日子，登高望远，群山崔嵬恰如他胸中的江山，有着不可一世的凌厉气势。在这个日子里，渊明等来了白衣人送酒，而他却没有这样的知音。酒亦关人何事，自是胸中不平。真想在醉里，有一把大扇，能将这遮天蔽日的尘埃清除，还我一片朗朗清明的乾坤。

你看，这才是那个骨子里涌动着热血的稼轩。山水田园没有磨平他的意气，让他忘形了一时，却忘形不了一世。那个不安分的自己找到时机，便会跳将出来，发一番宏论，舞一回长剑，壮气充塞天地间。

知音难求，知音也难聚。今日里，我要像李太白一样，为你一饮三百杯。也要像李太白一样，仰天大笑出门去，高唱着我辈岂是蓬蒿人！然而，要骑风乘鸾，重登蓬莱仙境的是你韩南涧。我依然是那个落佩倒冠、抱病登台的失意人。

俱怀逸兴壮思飞，欲上青天揽明月。一番上天入地之后，我和你"归路踏明月，人影共徘徊"。

明月下那个徘徊的身影，好寂寞，好孤独。

浩然狂热之后的寂，叫人情何以堪。

看到这个辛弃疾，你才知道他的内心是多么挣扎，多么纠结。

在韩南涧的生日里，他无法前往，只能以词代书，略表心意。这首《水

龙吟》本是寿词，却写出了一般寿词所没有的气魄。他是借他人之酒杯，浇自己心中块垒。

水龙吟
甲辰岁寿韩南涧尚书

渡江天马南来，几人真是经纶手。长安父老，新亭风景，可怜依旧。夷甫诸人，神州沉陆，几曾回首。算平戎万里，功名本是，真儒事、君知否。

况有文章山斗。对桐阴、满庭清昼。当年堕地，而今试看，风云奔走。绿野风烟，平泉草木，东山歌酒。待他年，整顿乾坤事了，为先生寿。

稼轩写寿词，还是不失其英雄本色。英雄以平天下为己任，即使是在应酬祝寿时，也难忘"平戎万里""整顿乾坤"的豪情壮志！

词开篇说自高宗建炎南渡以来，没有几个人称得上是治国的能手。半个多世纪过去了，南宋偏安江南一隅，国势之不振，国土之分裂，中原之沦陷，没有丝毫的改观。之所以如此，全是一班尸位素餐、只知清谈而不务实际的执政者所造成，他们把陆沉的神州置于脑后，不管不顾。他不好明说国是之非，不好直斥当局，只将满腹怨尤寓于"新亭风景，可怜依旧"和"夷甫诸人"的典故当中。

国是如此，国势如此，有谁能出来力挽狂澜、扭转乾坤呢？自然非你韩公莫属了。下片是赞美韩元吉，但不动声色。你身为儒者，自能"平戎万里"，决胜于千里之外，更何况你是士林领袖，文章山斗呢！你是天生的将种，总有一天，你会风云际会，成就伟业！如今你虽闲居，当年大唐宰相裴度、李德裕和东晋谢安，不都有赋闲之时么，他年你定会东山再起，整顿乾坤！

寓家国理想于个人的期望当中，这样的转换，稼轩往往是得心应手，信手拈来。

也许是积压太久，他很久没有这样痛快淋漓了！

南渡之初，一颗雄心还没有多少疮痕，他常常发出这种元气淋漓的吼声。

退居以后，这种词见得少多了。而今天，他再一次爆发。

世事的无常使得古来多少贤哲退隐自守，清静无为，无动于衷。

可我不甘心这种哲学。我喜欢看见人们生机勃勃地建功立业，痛快淋漓地享受生命。

这，才是那个真正的我，真正的辛弃疾！

辛弃疾往来的友人当中，有慕名而来的晚辈，杜叔高便是其中之一。杜叔高与陈亮是朋友，在辛陈鹅湖之会后，杜叔高也前来上饶拜会辛弃疾。除了叙胸中志意之外，他还带来了自己的诗集，想让词坛大腕辛弃疾印可。辛弃疾以此词作答。

贺新郎
用前韵送杜叔高

细把君诗说。怅余音、钧天浩荡，洞庭胶葛。千尺阴崖尘不到，惟有层冰积雪。乍一见、寒生毛发。自昔佳人多薄命，对古来、一片伤心月。金屋冷，夜调瑟。

去天尺五君家别。看乘空、鱼龙惨淡，风云开合。起望衣冠神州路，白日销残战骨。叹夷甫、诸人清绝。夜半狂歌悲风起，听铮铮、阵马檐间铁。南共北，正分裂。

词一开篇，便极力赞美杜叔高的诗歌不同凡响。说它似仙界钧天广乐，动人心魄。说它像黄帝在洞庭之滨所奏咸池之乐，旷远幽深，变幻莫测。又如千尺阴崖下的层冰积雪，气象雄奇，纤尘不染。

稼轩恭维人的功夫真可谓登峰造极！在极尽揄扬之能事后，他忽然笔锋一转，以一种强烈的反差对比，写了杜叔高如此高才，却如自古以来的佳人一样，多薄命。只落得如陈阿娇一般，在冷宫中夜夜调瑟，抒发被弃的幽怨。

过片说杜叔高不仅个人才华出众，家庭背景也非常显赫，本应乘势而起，飞黄腾达。只是如今风云变幻，朝政更迭，世事难料。

此话实有所指。此时周必大为左丞相，礼部尚书王蔺为参知政事。周必大

与辛弃疾一直不睦，用朱熹的话来说，周必大类似中药里的"四君子汤"，中庸圆滑，不温不火，巧于周旋，实无担当。而王蔺更是辛弃疾的政敌，淳熙八年就是他上章弹劾辛弃疾"用钱如泥沙，杀人如草芥"而使其落职闲居至今。如今两位政敌执掌朝政，辛弃疾对朝廷自然深为失望。

更为严重的是，号称中兴之主的孝宗，在1189年二月内禅，传位给皇太子，史称宋光宗。宋光宗的无能史上有名，自古一朝天子一朝臣，光宗即位后，实行何种国策，更是无法预料。朝局风云变幻，难以捉摸。

同时，南宋盛行"空谈性命而辟功利"的清流，他们好为高论却不务实际，稼轩所说的"叹夷甫、诸人清绝"正是指此。作为一个扎扎实实、敢想敢做敢担当的事功派，辛弃疾对这种不务实事，好为空谈的世风、士风深深焦虑。

他又能如何呢？只能听夜半狂歌悲风起，听铮铮阵马檐间铁。悲风四起化为壮士慷慨的呼喊，檐间铁响化为沙场上铮铮阵马声。四野八荒，杀气腾腾，杀敌，杀敌！你可知道，南宋的半壁江山在风雨中飘摇，而苟且偷生的南方君臣却怎么也唤不醒。

南共北，正分裂。

比个人怀才不遇更可悲的是金瓯缺，这是辛弃疾对年轻的杜叔高的期许。此时此刻，他仍在勉励后辈，勿以个人得失进退为念，国家兴亡，匹夫有责。有志之士，应该担当起时代的使命。

他没有沉溺在个人的境遇中自怨自艾，却将一腔悲愤化为对他人的激励与期许。

如此胸襟，如此气度，又怎么是南宋那帮文恬武嬉的君臣所能比？更不是他们所能理解并接纳的。

英雄，注定是孤独的。

块垒难消意未平

带湖，是一个好归宿，只要他把心交付给这里，只要他甘愿留下来。然而，岁月无涯，谁也不知道这一刻的感动，在下一秒会不会持续。

他的眼睛总是眺望山后的那个世界。风景从来都在远方，回不去的才是故乡，得不到的才是理想。在执着与放下之间，是无止境的挣扎与流浪。

胸中块垒，终是难平。他不知道，自己几时还会纵身跳入这滚滚红尘。

田园的热闹，山水的幽静，渐渐成为他落寞的陪衬。

更多时候，他以酒为伴，浇心中块垒。以古人为伴，诉心中忧愤。

中国古代的文人一半泡在酒杯里，一半浸在月光中。

曹操爱酒，他说："何以解忧，唯有杜康。"

竹林七贤个个爱酒，他们以酒避世，以酒为全身远祸的工具。茫茫浊世中，以醉来对抗世间的荒诞与虚无。

李白爱酒，余光中说他："酒入豪肠，七分酿成了月光，还有三分啸成剑气，秀口一吐就是半个盛唐。"

苏轼爱酒，他说，醉笑陪公三万场，不用诉离殇，痛饮从来别有肠。

稼轩更爱酒，打开通往他的世界的门，酒气扑面而来。

他以酒为家，想终老酒乡。有人欲老白云乡，有人欲老温柔乡，而他既不

要白云乡的虚无缥缈，也不要温柔乡磨尽男儿心性，他只想在醉乡里，用似醉实醒的眼光打量着这个世界，然后在醺然欲醉中睡去。

江神子

博山道中书王氏壁

一川松竹任横斜。有人家。被云遮。雪后疏梅，时见两三花。比着桃源溪上路，风景好，不争多。

旗亭有酒径须赊。晚寒些。怎禁他。醉里匆匆，归骑自随车。白发苍颜吾老矣，只此地，是生涯。

博山道中的王氏庵，是卖酒的酒店，稼轩来得特别勤。他说酒家的风景很美，一川松竹任横斜，雪后疏梅，时见两三花。与桃源溪上路途中的风景相比，只会更好，不会差。其实，他是以风景作幌子，分明是这里的酒更美，而且酒家特别随性，他可随意赊酒。在这个家人不见、闲人不管的地方，由着自己的性子喝酒，真是一大享受。如今的我白发苍颜，英雄老矣，这里倒是度过晚年生涯的不二之选。

他在夜里狂饮，以酒兵压愁城，写尽胸中，块垒未全平。唯一值得骄傲的便是"却与平章珠玉价，看醉里，锦囊倾"。

一日在山寺中酒后醒来，他听到静寂的夜里传来一记钟声，有种恍然如梦的感觉。这一记钟声，虽不是寒山寺的那一记，却也深深敲进了他的心窝，敲醒了无数个在世间追逐的人。人之一生，正是这杯中酒。饮时痛快淋漓，醒后一片空虚。

浪淘沙

山寺夜半闻钟

身世酒杯中，万事皆空。古来三五个英雄。雨打风吹何处是，汉殿秦宫。

梦入少年丛，歌舞匆匆。老僧夜半误鸣钟。惊起西窗眠不得，卷地

西风。

人世万事皆空，自古以来那些英雄人物，如今安在？汉殿秦宫，不也同样被雨打风吹去，了无陈迹。青少年时代歌舞丛中的欢乐，如今再也不能享有。只好在酒杯中讨欢乐。

老僧的一记钟声，惊起了梦中的我。惊起后无法成眠，心境起伏难平。窗外是卷地西风，透骨的凉意，自身体发肤渐渐深入，深入，直达心底。

哎呀呀，身世酒杯中，万事皆空。

饮酒是自欺、自醉，品茶则是自醒、自解。世间之人，多半恋酒，一世烦恼之事，可以一碗喝下，却不知醉后愁闷更甚。这满怀忧伤岂能以一杯烈酒来浇淋？

苦茶令人清醒，当此长夜。老酒令人沉酣，对此乱局。

但我怎能饮酒又饮茶，又要醉中之乐，又要醒中之机？

罢罢罢，且去饮酒。

一次稼轩酩酊大醉地从葛园回到瓢泉住处，夫人一见，又心疼又生气，叮嘱他今后不要再这般痛饮，免伤身体。稼轩赶忙答应。并借着酒劲，赋词一首，写在墙壁上。

定风波
大醉归自葛园，家人有痛饮之戒，故书于壁

昨夜山公倒载归，儿童应笑醉如泥。试与扶头浑未醒，休问。梦魂犹在葛家溪。

千古醉乡来往路，知处。温柔东畔白云西。起向绿窗高处看，题遍。刘伶元自有贤妻。

昨夜从葛园回来时，竟然是倒骑马而归，儿童都笑我像当年的山简那般烂醉如泥。稼轩用山简典，不光是显博学，还有提醒老妻之意：瞧瞧，爱喝醉的不是俺老辛一人，历史上喝酒常醉的人多得去了，山简就是榜样。俺老辛偶尔

122

喝醉过一回两回，老妻你就别见怪哟。早上起来，家人问他，酒醒了没？答道：没呢，心思还在想着葛家的美酒呢。

他接着为自己开脱：千年以来，哪个男士不在这醉乡路上来来往往，温柔乡你不让俺去，白云乡俺找不着，你不让俺去醉乡，上哪儿去呀？

想当年，刘伶的夫人见刘伶嗜酒，劝他别再饮酒，而且把家中的酒送人了，把饮酒器给砸碎了。刘伶说，好哇，可是我不能自个儿戒酒，你去准备好酒好肉，我祈祷鬼神帮我戒酒。刘夫人信以为真，准备好酒肉，让刘伶祈祷。没想到刘伶一边喝着酒，一边吃着肉，祈祷说："天生刘伶，好酒出名。一饮一斛（十斗），五斗解醒。妇人之言，慎不可听。"饮罢又醉。

稼轩说，俺老辛跟刘伶一样，也有如此贤妻，今后还怕无酒可醉么？碰到这样的稼轩，可叫人怎生是好？我想，辛夫人也只是无可奈何地笑一笑，然后，像疼一个孩子一样，由着他的性子去胡闹吧。

有时候，他会将自己关在书房里，安静地读书。与古人神交，读到痛心处，禁不住长长一声叹息。

这叹息声，不知家人可否听见。隔着千年的时空，我却听得格外分明。喝酒也罢，读史也罢，胸中块垒难平，志意难消，这不过是他用来与自己相处的一种方式而已。

你看看这首《八声甘州》：

八声甘州

夜读《李广传》，不能寐，因念晁楚老、

杨民瞻约同居山间，戏用李广事赋以寄之

故将军、饮罢夜归来，长亭解雕鞍。恨灞陵醉尉，匆匆未识，桃李无言。射虎山横一骑，裂石响惊弦。落魄封侯事，岁晚田间。

谁向桑麻杜曲，要短衣匹马，移住南山。看风流慷慨，谈笑过残年。汉开边、功名万里，甚当时、健者也曾闲。纱窗外、斜风细雨，一阵轻寒。

李广是一个典型的悲情英雄，他的一生极富传奇色彩。武功超群，身经百战，但始终未立战功，难以封侯。

他一开篇重笔写落职闲居的"故将军"受灞陵尉欺辱之事。人物是故将军与灞陵尉，时间是夜饮归来，地点是长亭，故事的起因与过程是李将军夜饮归来，灞陵尉不识故将军，呵责李将军解鞍下马，露宿长亭。殊不知这位夜饮乡间的醉酒者，曾是叱咤风云的英雄，当年在山中射虎，曾一箭射入石中，那可是威震天下。

动作、神态、心理、极富张力的画面和声响，这哪里是在回顾历史，分明是将自己置身其中。这未曾封侯落魄田间的李广，不是别人，正是辛弃疾自己。英雄惜英雄，他落魄失路的伤悲辛弃疾感同身受。

李广罢职后移居南山，我何不学学他，短衣匹马，移住南山，正式应了好友晁楚老、杨民瞻的邀约，与三五知己，在谈笑间风流慷慨，了此残生，也不失为一件乐事。想那李广身处大汉辉煌时期，"汉开边，功名万里"，好男儿正好借势求取功名，勒铭燕然。事实上呢？"健者也曾闲"，真正的英雄依然被弃置，被冷落，在无尽的闲散中白白消磨了英雄气！

而他呢？身处一个重文抑武的时代，一群只追求集团利益的官僚，一种缺少进取精神的士大夫人格，武人被冷落，英雄被谗毙，在这样的一个历史困境中，像他这样志在恢复的英雄又能何为？

他没有说，也不能说。

只将答案交给了纱窗外的斜风细雨。

一夜凉风，寒意沁骨。

可这股寒流，到底也未曾冷却他心中的热血。

一次他独宿在久无人居的博山王氏庵里，夜深难眠。但见饥鼠绕床，蝙蝠翻飞，给人阴森森的感觉。屋外松风呼啸，有如鬼哭；急雨如注，寒冷似铁。偏这窗还是破的，挡不住的阴风来来去去，破纸在窗间自言自语。

清平乐

独宿博山王氏庵

绕床饥鼠。蝙蝠翻灯舞。屋上松风吹急雨。破纸窗间自语。

平生塞北江南。归来华发苍颜。布被秋宵梦觉，眼前万里江山。

此时此刻，他想的是什么？是自怨？是自怜？是悲哀？是落寞？

不，都不是。

他想的是：平生塞北江南，眼前万里江山。是横枪跃马，闯荡江湖，一匡天下。这样的辛弃疾，真可谓侠之大者，仁之圣者。

人人都说，济世经邦，要段云水的趣味，一有贪着便堕危机。

可你没有竭力拼搏过，没有在拼搏到底之后败北，没有那种自强不息的君子志气，便先将一段云水的趣味预设在心中，稍一接触，便断定不成退回来，这样的独善，是不是太中庸，太怯懦？

我心疼辛弃疾的不遇之悲，但我也倾慕他百折不回的意志。人活着，就要像干将一样，将一腔的精血炼进自己的剑中。那，才是真正地活着。

真正的英雄，不是没有软弱动摇的时刻，只是没有被软弱动摇征服罢了。

真正的英雄，也不是没有经历过黑暗，只是不被黑暗淹没罢了。

他终归是累了，倦了。有时也有欲说还休的心灰意冷时刻。

丑奴儿

书博山道中壁

少年不识愁滋味，爱上层楼。爱上层楼。为赋新词强说愁。

而今识尽愁滋味，欲说还休。欲说还休。却道天凉好个秋。

写这首词时，他并未到人生暮年，却以超常的锐感，将人生的至理提前参透。

"丑奴儿"在这里并不是丑人的意思，它犹如《西厢记》里的"可憎才"

和"冤家"，是故意反说来表示一种强烈的喜爱的感情。这个词调原名叫《采桑子》，也就是《采桑曲》，"子"就是曲。现在所知最早填这个调的是冯延巳和李煜。古乐府《日出东南隅》中咏美女罗敷采桑，所以这个词调又叫《罗敷媚》。"媚"是美好的意思，反过来叫"丑"。《丑奴儿》这个调原是咏美人的曲子，辛弃疾转变为写自己的感情。

少年时没有尝到愁的滋味，不知道什么叫"愁"，为了要作新词，没有愁勉强说愁。"而今识尽愁滋味"，按一般写法，接下应该描写现在是怎样地忧愁。但是它下面却重复了两句"欲说还休，欲说还休"，最后只用"却道天凉好个秋"一句淡话来结束全篇。这是吞咽式的表情，表示有许多忧愁不能明说。

他的欲说还休，有怀才不遇的哀愁，有直揭统治阶层疮疤的披肝沥胆之言。总之这一切浓烈的情感，都归为"却道天凉好个秋"这样一句看似无关痛痒的闲话了。

我们都有过欲说还休的时候。这是一个人看透了人世间的彻骨荒凉，看清了人生的满目疮痍后的失语，还是从一路尘沙中走来、也无风雨也无晴的平和？是与命运握手言和的无奈，还是静待时光深处水落石出的从容？

最想表达的，往往都欲说还休。最想说清的，恰恰是一言难尽。徘徊在心边的言语，最难说出口。

六 二三知己

与辛弃疾诗酒唱和的友人当中，有两个人最特别。

一个是陈亮。他与辛弃疾无论在个性还是理想上，都十分相近，二人相交，堪称英雄相惜。

一个是朱熹。他与辛弃疾，一个重事功，一个谈性理。一个是人中之龙，一个是一世之豪。看似两条平行线，却也成为同声相应的知己。

带湖退居期间，辛陈于淳熙十五年（1188）在鹅湖相会，长达十几日之久，这便是历史上有名的鹅湖之会；鹅湖之会中，本当前来参加的朱熹，却因种种因由，未能成行。

"嘤其鸣矣，求其友声"，英雄当识英雄，惜英雄，而他们之间的相交，也注定会在历史上留下浓墨重彩的一笔。

辛弃疾还有一个特别的朋友，江湖布衣刘过。这个狂放的江湖布衣，人意皆欲杀，我独怜其才，或许正是从刘过的狂劲中，辛弃疾看到了自己那颗不曾被压抑的心。

对刘过的怜，也是辛弃疾对自己青春热血的祭奠与珍惜。

与辛弃疾一样，陈亮"生而目光有芒，为人才气超迈，喜谈兵"。他少年成名，还不到二十岁时，就崭露头角，被人认为是将来的"国士"。他"生平议论，以房仇未雪，为国大耻"，在当时人眼里，他是一个地地道道的"狂士"。

他24岁以布衣身份上《中兴五论》，直斥宋金议和。以书生意气，纵论国是，将主战主和派一起批了个尽。让自己成名的同时，也给自己树立了无数潜在的敌人。他的五论，可谓有胆有识，有理有据，但放在现实中，一条也行不通。他以为只要搞定皇帝一人就可以了，却不料政治如一张盘根错节的网，皇帝也在掣肘之中。

34岁，他又三次上书，言南宋偏安之失，言空谈性命之疏，差点感动了孝宗皇帝，皇帝想给个小官他当一当。因为，他的执着让皇帝在泥塘般的现实中看到了一丝理想的光辉，也安慰了皇帝想做却没有勇气做的自责之私心。谁知前来邀宠的曾觌，完全败坏了陈亮的兴致，陈亮竟逾墙而走，舍官不做。

回家后，他在家乡过着任纵的生活，江湖上到处都有他的传说。终于在酒楼上他与一帮朋友纵饮高论，说了一些自己醒后都记不清的言语，被别人抓住了把柄，以"言语犯上"入狱，受尽折磨，终因孝宗的一句"词人醉了，胡说乱道，岂能当真"给免了罪。

回乡后，因为家童杀人被诬，他再次入狱，元气大伤，家财几乎散尽。在辛弃疾等友人的搭救下，免了一死。

多番上书无果，两次入狱之灾，他应该懂得收敛，懂得与现实妥协，低下头，做一个精致的实用主义者或中庸的保守主义者，行走江湖之中，也可以全身远祸，风平浪静地过一生。

可他不。就是这样的一个江湖书生，总是拿着自己心中的那把尺子去衡量是非曲直，世态人心。却不知道，这个社会中每个人心中都有一把尺子。

只要看看他的词风，他在词中流露出的情感，便可以知道，这样的人，迟早会与辛弃疾成为朋友。

水调歌头
送章德茂大卿使虏

不见南师久，谩说北群空。当场只手，毕竟还我万夫雄。自笑堂堂汉使，得似洋洋河水，依旧只流东。且复穹庐拜，会向藁街逢。

尧之都，舜之壤，禹之封。于中应有，一个半个耻臣戎。万里腥膻如许，千古英灵安在，磅礴几时通？胡运何须问，赫日自当中。

此词写于宋孝宗淳熙十二年（1185）十一月间，是为送章德茂使金贺金世宗完颜雍生辰而作。陈亮对于南宋朝廷长期形成的惧敌、畏敌、妥协投降的对金策略，心中极度不满，特借送友人章德茂使虏之机，将长期积聚心头的不满情绪，一股脑儿地喷发出来，感情愤激昂扬，似一篇写得很有激情的战斗檄文。

他说因为大宋军队好久没有出师打仗了，竟信口开河，说宋朝没有人才，无人能够担起抗金的重担。言外之意，是说宋朝长期执行屈辱投降的国策，致使抗金爱国的人才没有出头之日。他赞扬章德茂有万夫不当之勇，这次出使，一定能表现出一种不畏强敌的英雄气概。真可笑他作为大宋使者，就像河水向东流一样，还得到金国朝拜金国国王。算了吧，暂且再到金国朝拜一回，总有一天会将敌酋缚至京师，一雪国耻。

下阕抒情，他慷慨激昂，表现了一种英雄气概与政治豪情。"尧之都，舜之壤，禹之封"，连续用了三个词意相近、结构相同的词句，一层紧逼一层，语言冲决强硬，造成一种逼人的气势。"于中应有，一个半个耻臣戎。"词人感情愤激到了极点，对于妥协投降政策造成的朝臣人人畏敌的情势非常气愤。总该有"一个半个耻臣戎"的人吧！语气果决，情绪愤激，对士气不张的现状极为不满。广大的北方领土，仍被金人占领，千里万里的地面被一股浓烈的腥膻味所笼罩，千古英雄都哪儿去了呢？何时才有磅礴之气，打破这个局面啊！胡人的气数已经完了，大宋总有一天会如赫日中天，光耀万丈的。

只可惜美好的愿望始终代替不了百万雄兵，豪言壮语也只能一散心中的郁积之气。南宋还是那个南宋，朝廷还是那个朝廷，人们在苟安和惯性的驱使下，茫然地被历史洪流裹挟着向前，哪里有奋厉当世、力挽狂澜之志？

他所面临的困境，正是辛弃疾所面对的。

他所痛心的无可奈何，也正是辛弃疾心中永远的痛。

他们之间是如此相似，所以辛弃疾深深懂得他的心，而他也能懂得辛弃疾的孤独。

"我最怜君，中宵犹舞"，这是辛弃疾后来写给陈亮的词中的一句，这不是一句虚语。

把酒长亭聚鹅湖

　　二人的结识，应该可以追溯到淳熙五年（1178）春天，那时陈亮在临安连续三次给孝宗上书，而辛弃疾正从江西安抚使任上调到临安任大理少卿。共论恢复的理想，将二人的心紧紧连在一起。据说二人的初次见面，很有传奇色彩。陈亮闻听辛弃疾之名后，骑马前去拜访。快到辛家门口时，有一座小桥。陈亮连续三次打马想跳过去，但每次都不成功，马不但不前行，反而还后退，陈亮一怒之下，砍了马首。站在楼上的辛弃疾看到这一幕，非常吃惊。

　　英雄与英雄的相见，带着几分血腥和杀气。

　　此后数年，两人虽没有见面，却保持着联系。

　　1187年冬天，辛弃疾在带湖闲居的第六年，陈亮终于忍不住了。他从浙江东阳长途跋涉到信州，这两个英雄终于有了文学史上可以大书特书的一次会面，这便是鹅湖之会。

　　两人相聚十日，极论世事，痛快无比。当时辛弃疾正生着病，而陈亮的到来，将他心灵的黯淡一扫而空。两人或把酒长亭，登高望远；或挑灯夜话，对床不眠。

　　几日后，又一同到紫溪欲与朱熹相会，结果朱熹没有应约前来，陈亮只好别去。陈亮走后，辛弃疾恋恋不舍，第二天又上路追赶，想再重聚，追至鹭鸶林，因雪深路滑，无法前行，只好半路打住。辛弃疾当夜投宿泉湖吴氏四望

楼，听到附近有笛声甚悲，愈发怀念故人，于是赋词一首，以表达对陈亮的思念。恰好五天后，陈亮写信来索要新词，真可谓心有灵犀，于是辛弃疾将词寄给陈亮。

贺新郎

陈同父自东阳来过余，留十日，与之同游鹅湖，且会朱晦庵于紫溪，不至，飘然东归。既别之明日，余意中殊恋恋，复欲追路。至鹭鸶林，则雪深泥滑，不得前矣。独饮方村，怅然久之，颇恨挽留之不遂也。夜半，投宿泉湖吴氏四望楼，闻邻笛悲甚，为赋《乳燕飞》以见意。又五日，同父书来索词。心所同然者如此，可发千里一笑。

把酒长亭说。看渊明、风流酷似，卧龙诸葛。何处飞来林间鹊，蹙踏松梢微雪。要破帽、多添华发。剩水残山无态度，被疏梅、料理成风月。两三雁，也萧瑟。

佳人重约还轻别。怅清江、天寒不渡，水深冰合。路断车轮生四角，此地行人销骨。问谁使、君来愁绝。铸就而今相思错，料当初、费尽人间铁。长夜笛，莫吹裂。

这年辛弃疾49岁，陈亮46岁。两个同样心怀天下、观念超前的英雄，在一起无拘无束纵论天下，推心置腹讨论人生。如长河悬瀑，一泻千里，是何等的快意！

在稼轩眼里，陈亮风流酷似渊明、卧龙诸葛。他有着渊明的潇洒气度，有着诸葛的宏大抱负与过人智慧。渊明和诸葛，也是辛弃疾最喜欢的精神偶像，他毫不吝惜地将这样的美称送给了陈亮。

他们感叹着年华空逝，一事无成，早生华发。感叹着南宋朝廷，偏安苟且在南方的剩山残水里，丝毫没有积极进取的意态。心中的萧瑟意化成眼中的萧瑟景，那一枝疏梅留不住春，两三只雁也因落单而孤独哀鸣。

别君难，会君更难。自你走后，我思念不绝。只可惜，清江天寒不渡，水深冰合，车马难行。人在途中，徒唤奈何，唯有销魂，这是暗合了追赶不成之事。挽留不成，而心生怨意，可他又能做些什么呢？只能盼长夜笛不要停歇，

就像当年向秀吹笛怀念嵇康一样，其中深意，知音当能明白。

陈亮接辛弃疾原唱后，即和作一首，题为《贺新郎·寄辛幼安和见怀韵》：

> 老去凭谁说。看几番、神奇臭腐，夏裘冬葛。父老长安今余几，后死无仇可雪。犹未燥、当时生发。二十五弦多少恨，算世间、那有平分月。胡妇弄，汉宫瑟。
>
> 树犹如此堪重别。只使君、从来与我，话头多合。行矣置之无足问，谁换妍皮痴骨。但莫使、伯牙弦绝。九转丹砂牢拾取，管精金、只是寻常铁。龙共虎，应声裂。

他追和辛弃疾原词原旨，说致力恢复没有错，只是几人能明白？像他们这样的醒者，只能眼睁睁看着"胡妇弄，汉宫瑟"。下片劝慰辛弃疾，只要知音常在，离别又算得了什么？

辛弃疾再和：

贺新郎
同父见和，再用前韵

> 老大犹堪说。似而今、元龙臭味，孟公瓜葛。我病君来高歌饮，惊散楼头飞雪。笑富贵、千钧如发。硬语盘空谁来听，记当时、只有西窗月。重进酒，唤鸣瑟。
>
> 事无两样人心别。问渠侬、神州毕竟，几番离合。汗血盐车无人顾，千里空收骏骨。正目断、关河路绝。我最怜君中宵舞，道男儿、到死心如铁。看试手，补天裂。

这首和词比上篇首唱思想含量更高，感情基调更激越高昂。前一首重在写离别的相思，此首则着重写两人的胸怀志趣和英雄失路的悲愤。上片追念鹅湖之会时相聚的痛快。两人"臭味"相投，瓜葛相连，一边痛饮，一边高歌，

歌声之洪亮，使楼头积雪为之惊散飞舞。

他们诉说着彼此的人生志向，都视富贵如浮云。陈亮虽是一介布衣，却拒绝当国者以官职相诱；而他自己在废黜六七年后，也绝不肯俯首帖耳，谄媚权贵，以求起复，二人都是这样的不合时宜。不合时宜的盘空硬语除了彼此心领神会，还有夜晚西窗边的那轮月能懂。夜月下，二人意犹未尽，"重进酒，唤鸣瑟"。好一副醉生梦死的派头，仿佛要把来之不易的兴致狠狠地消受。

这是什么样的世道？神州离合，当权者不管不顾。人才备受压抑，汗血宝马只用来拉盐车，燕昭王千金收骏骨的壮举，如今再也没有。前路艰险，关河路绝。骐骥老死槽枥下，英雄闲置田间，又如何？英雄之间，能够惺惺相惜，而英雄之所以能成为英雄，也正是因为他们对自己的理想不懈坚持，对自己的才能充分自信。所以，辛弃疾又激昂地高唱道："我最怜君中宵舞，道男儿、到死心如铁。看试手，补天裂。"

像祖逖闻鸡起舞一样，我最欣赏你的，便是你始终为恢复中原的理想而奋斗。真正的男儿，即使到死也会心坚如铁，矢志不渝。

就让我们一起施展身手，像神话中的女娲补天一样，去整顿破碎的山河，恢复原来的国土。

读到这里，那个意气萧瑟的辛弃疾不见了，那个意气风发的辛弃疾又回来了。士人有百折不回之真心，才有万变不穷之妙用。在这里，我读到了一种凛凛的意志。

意志，是架在痛苦和力量之间的那座桥梁。有了它，才有可能通向充满力量的光明坦途；没有它，便堕于万劫不复的痛苦深渊。

汗血盐车收骏骨

1190 年，鹅湖之会后的第三年，陈亮第三次入狱。乡人诬告他杀人，这是他为自己豪放不羁、敢说敢做付出的代价。他的无心却给了用心叵测之人精心罗织罪名的把柄。

"人皆欲杀，我独怜才"，辛弃疾没有坐视不顾，再次施以援手。一年多之后，陈亮终于被无罪释放。

他依然飘荡在江湖。

他从不屈服于理想，却最终屈服于科举。1193 年，他第四次参加科考，宋光宗亲笔点他当了状元。

他一生三次应举未中，他并不是非要做官，却只是想通过科举这条世人心中的正经之路证明自己的价值，证明他的狂、他的张扬、他不可一世的顾盼自雄，不是书生意气，不是夸夸其谈。他，是有实力、能担当的人。

五十五岁时，他终于高中。那一刻，他自己也激动得哭了。在困境中挣扎了多年的他终于长出一口恶气，他觉得实现自己理想的机会就要来了。他拉着弟弟的手说："等我富贵后，一定提携你。死后，我们也有面目见地下的先人了。"

得知他高中的消息，已重新起复的辛弃疾正在临安任太府卿。对陈亮仕途

上的突破，他由衷高兴，写词一首祝贺朋友。

破阵子

为陈同甫赋壮词以寄之

醉里挑灯看剑，梦回吹角连营。八百里分麾下炙，五十弦翻塞外声。沙场秋点兵。

马作的卢飞快，弓如霹雳弦惊。了却君王天下事，赢得生前身后名。可怜白发生！

全词十句，前九句写理想，是想象之词，写得无比壮阔、瑰丽、最后一句陡转，落脚现实，却无比直白、苍凉。

夜凉如水，缺月无声。一个英武的身影徘徊于斗室之中，把一柄宝剑挥舞得寒光闪闪。恍惚间，宝剑发出的琤琮之声汇成军营里一片悠悠不断的角声。战士们在篝火旁鼓噪喧腾，烹羊宰牛，却禁不住悲凉的瑟声吹奏得满地如霜。这是多么盛大的场面啊！在秋天的沙场上，威武的将军检阅着雄壮的士兵，他们骑着骏马呼啸而过，他们拈弓搭箭发出霹雳之声。这是多么令人向往的功业啊！统率着千军万马，杀向塞外，收复大好河山，也博得个拜相封侯。这是个梦吗？这不会是梦吧？突然，宝剑沉重地掷在了冰冷的地上，铿锵一声。仍然是那个英武的身影，在摇曳的灯光下叹息着新添的白发，嘤嘤啜泣！

读完这首《破阵子》，既使人雄心涌起，又使人脊背发凉，然而，终究是希望未泯。难道这就是作者自称的"壮词"吗？豪言壮语诚然有之，但是如果一味地豪言壮语下去，也称不得壮。壮者，悲壮也，豪放也。有炽烈如火之热诚，又敢于面对现实的无情风雨，而仍然抱持理想主义之情怀、英雄主义之气概，或许这才是作者理想中的"壮词"吧。

可惜的是，陈亮还没有来得及"了却君王天下事"，便在考上状元后的第二年去世了。

辛弃疾得知消息后，写祭文一篇。他说："而今而后，欲与同父憩鹅湖之清明，酌瓢泉而共饮，长歌相答，极论世事，可复得耶？"祭文写得情真意

切。情真与伪，深与浅，往往是通过一些细节体现出来的。最令辛弃疾难忘的，便是他们一起在鹅湖的清阴下休息，一起喝一口瓢泉的水，放声高歌相互应和，便是天下不可复得之至乐。

这样的欢乐，终究是不可复得了。

斯人已逝，纵观他的一生，如汗血宝马拉盐车，骏骨凋零。

他用近乎偏执的热情，始终如一地主战，始终如一地想为柔弱无骨的宋王朝输送一点血性，人在江湖，却心存魏阙。

可就是这样的一个狂士，却最终在自己最不屑的科举面前低下了高昂的头，这真是莫大的讽刺，也是人最无力最悲哀的地方。

"学成文武艺，售与帝王家"，可惜的是，这个他一直忠心的南宋，这个他一直心存幻想的帝王，并没有给他实现自己"天下"情结的舞台。当他们终于想通了，要给他一次机会时，命运却吊诡地伸出了手，收取了他的性命。

　　在这里不得不提在辛陈鹅湖之会中缺席的另一个主角，朱熹。

　　用陈亮的话来说，朱熹是"以听上帝之正命"的"人中之龙"，而辛弃疾是"足以荷载四国之重"的"一世之豪"。他们二人，一个是穷研理学的一代大儒，一个是善战疆场的百世奇杰，当他们在历史的星空中交会，又有着怎样的因由，又撞击出什么样的光芒？

　　表面上看，一个是空谈性理，一个是致力事功，这样大相径庭的两个人，是怎样找到交集之处的呢？

　　他们的交集之处在于：理学家们主张尊王攘夷，并由此掀起一股重整山河、抗金复国的思潮。在南宋主和与主战派的消长斗争中，理学家们始终代表一股积极的力量，他们支持抗战，与主和派的妥协投降截然对立。

　　只是，他们的复国理想，不是落实在事功行动上，而是在自身修养上。他们认为人人正心、诚意，以君子之道德完善自己的人格，必然会挽救颓败的士风，从而实现治国平天下的最终目标。

　　找到了"攘夷"这个共同点，辛弃疾和朱熹之间特殊的友情，便有了根基。

　　辛弃疾做事作风果敢雷厉，不循常规。能办非常之事，立非常之功者，自

然不走寻常路，也有非常之手段。

所以，对建飞虎军一事，朱熹对辛弃疾的评价是："专会管兵，不管民。"

当辛弃疾调任江西安抚使后，一次用船运送当时朝廷控制极严的军用物资牛皮，途经朱熹管辖的南康境内，被扣押。士兵此时拿出了辛弃疾的批条，这让他不得不对辛弃疾此举是为公还是为私产生怀疑。随后辛弃疾修书一封，请朱熹放行。朱熹放行之后，却心存芥蒂，并在给一个朋友的信中，对辛弃疾此举颇有微词。

此时朱熹和辛弃疾的交往，不但不融洽，反而有点不和谐。

1180年，辛弃疾在江西救荒，下了一道"闭粜者配，强籴者斩"的命令，以其霹雳手段很快化解了灾荒危机。对辛弃疾的天才之举，尤其是这八个字的告示，朱熹的评价是："这便见得他有才。此八字若做两榜，便乱道。"

辛弃疾的才干慢慢让朱熹深为佩服。

而真正让二人的关系出现大的转机，并自此以后以朋友相互砥砺的，是1181年辛弃疾因弹劾退居带湖，而朱熹也在次年因弹劾辞去了公职。途经上饶时，他没有拜访辛弃疾，而是韩元吉。辛弃疾闻听朱熹前来，携一壶老酒，不邀自至。此次见面，相谈甚欢。

辛弃疾以贪、酷两大主要罪名被弹劾，退居带湖；朱熹则以贪污、结党、淫乱被弹劾。尤其是第三条罪名，与宋代著名的营妓严蕊有关。而她那首著名的《卜算子》也是为脱罪即兴而作，词如下：

不是爱风尘，似被前缘误。花落花开自有时，总赖东君主。

去也终须去，住也如何住。若得山花插满头，莫问奴归处。

历史的真相早已淹没在风尘中，是非对错，无法评说。真相只存在于愿意相信它的人的心中。不管别人信不信，辛弃疾是不信的。

他对朱熹的境遇有着同病相怜的感觉。也许是对宦海险恶深深厌倦，朱熹选择了辞职，他宁愿在书房里，研究他的性命理学，纵不能立功，至少也能立言，立德。有了这番遭遇，朱熹对辛弃疾也多了几分理解。

辛弃疾之所以主动亲近朱熹，还有部分原因是他自己也是学养深厚之人。对当时遍布海内的理学，也有所耳闻。虽然他并不认同空谈性理，不务实事，但理学家们那套伦理，对人格修养不无益处。

退居带湖时期，用舍行藏的矛盾一直纠缠着辛弃疾，他的内心其实并没有获得真正的安宁和解脱。一方面沉湎于英雄失路的悲哀，一方面借狂欢醉酒、山水清赏进行消解。但这种解脱只是暂时的，要想真正解脱，只能靠"向里来"的修养功夫。而此时朱熹给予他的精神启示很重要，他慢慢学会了从儒家的济世修身、出世入世的思想框架中走出来，而学着以至诚之心参究天地万物、生死大道，从而寻求内心真正的安宁。

对退居带湖的辛弃疾来说，朱熹的理学思想在某种程度上，是一剂救心方，一剂安顿好自我的良药。

事实上，理学的思想，也确实影响了辛弃疾。

理学主张天人合一的情感体验，从仁的境界中超脱世俗功利，不依赖于外部事物而注重自我的精神满足。这点表现在辛弃疾词中，便是超出物外、返朴归真的主旨。从他效渊明南山种豆、东篱赏菊，慕颜回箪食瓢饮、自得其乐，到他寄情山水田园，看天阔鸢飞、渊静鱼跃，如此种种无不是超然物外的自造自足。

理学追求诚、仁、乐统一的人生境界。在辛弃疾看来，只有心胸通透，有仁者情怀，才能不滞于常理常态，发现自然之活泼生机，万物之内在理趣。如此一来，自然涉笔成趣，同时有种异于常情的高妙。由诚而仁，由仁而自然快乐。当辛弃疾看着上饶乡民自然生息在这片土地上的时候，内心的感动和欣喜不言而喻，而那首《清平乐·村居》中人与人的和谐，人与自然的和谐，正是这样的一个典型缩影。

所不朽者万世名

1192 年，辛弃疾重新出山，出任福建提刑。朱熹闻知后，非常高兴，他送给辛弃疾两幅字，一幅是"克己复礼"，一幅是"夙兴夜寐"。

1193 年，辛弃疾特意前去拜会退居福建讲学的朱熹，此时他向朱熹询问的不是修身之道，而是为政之道。朱熹送给他十二个字："临民以宽，待士以礼，驭吏以严。"

此时二人，一个一心想有所作为，特意移尊就教；一个曾经心灰意冷，又被对方的果敢热情重新燃起希望，二人一拍即合。为官福建期间，二人关系迅速升温。

仕闽三年间，辛朱二人一个在朝，一个在野，一个在前线全力实施，一个在背后出谋划策，配合得天衣无缝，福建的面貌大为改观，稼轩亦声名鹊起。

1195 年，稼轩再度退居铅山时，朱熹仍以"克己复礼"相赠。

而朱熹此时正在京城做帝王师，只可惜，没做多久，又陷入无情的政治漩涡当中，于 1197 年被韩侂胄以"伪学劣党"之首，重重打击，这便是历史上著名的"庆元党禁"。一时间朱熹的门生故旧过其家而不敢入，学人皆不敢自称儒生。

1200 年，一代大儒正坐整衣冠，就枕而逝，时年 71 岁。我想他死时，心里一定是极为平静的。这个穷究天人之际，"为天地立心，为生民请命，为往

圣继绝学"的大儒，在这个如秋风过客般的人世，留下了自己的声音，你永远不会忘记！

朝廷太害怕他的影响力了，越是害怕，越是禁止，以此掩饰他们内心的怯懦。他们下令禁止其朋友、门人到考亭会葬。

政治高压下，朱熹的门人故旧多不敢前去送葬，而稼轩特意前往武夷山祭奠。他在祭文中这样评价朱熹：

所不朽者，垂万世名。孰谓公死，凛凛犹生！

所不朽的，是你那流传万世的声名。谁说你死了呢？我觉得你的精神依旧令人敬畏，就像你依旧活着一样。

辛弃疾说得对，朱熹虽死犹生。他永不磨灭的精神光辉，犹如高悬在天宇的日月星辰，照世间人心！

就像他在南归前二十年里准确预测金六十年后必亡，宋更大的忧患还在后头一样，辛弃疾准确地预测了朱熹在历史中的命运。

个性和道路如此不同的两个人，却在共同的家国情怀下，演绎了一曲高山流水。

朱熹不只是一个大儒，一个理学家，他也是一个诗人。
来看看朱熹的一首代表作《春日》：

胜日寻芳泗水滨，无边光景一时新。
等闲识得东风面，万紫千红总是春。

这首诗选入了《千家诗》，只有雅俗共赏、老少咸宜的诗才有资格入选这个诗集。一般的诗人写这样的诗我们并不觉得惊奇，而朱熹可不是一般的诗人，他是大理学家，是大儒。能将理的思辨深刻与诗的形象生动结合起来，并非易事，朱熹的这首《春日》做到了。

对这首诗的解释，不少人已经讲得很清楚了。他们认为，这首诗有两层含

义：从表层上看，本诗写的是游春踏青。无边的光景，在春日焕然一新。这个"新"字，既是春光无限万象更新的实景，也是诗人兴致甚高、精神振奋的心境。下联则紧承"无边光景"，写了寻芳所得。一夜东风，仿佛吹开了万紫千红的鲜花；而百花争艳的景象，不正是生机勃勃的春光吗？诗人由"寻"而"识"，从万紫千红这个艳丽的形象中认识了东风的真面，也感知了春天的气息。由此，春天这个抽象的概念，也变成了具体可感、可触摸的形象了。

从深层看，这首诗有着更深的内蕴。泗水在山东，孔夫子曾在泗水之滨讲学传道；而南宋时那地方早已沦陷于金国，朱熹怎能去游春呢？原来这是一首哲理诗。诗中的"泗水"暗喻孔门，"寻芳"暗喻求圣人之道，"东风"暗喻教化，"春"暗喻孔子倡导的"仁"。这些意思如果用哲学讲义式的语言写出来，难免枯燥乏味。本诗却把哲理融化在生动的形象中，不露说理的痕迹，这是朱熹的高明之处。

无论是形而下的赏春踏青，还是形而上的求仁得仁，都是对这首诗的理解。但每次读到这首诗，我总觉得这首诗同时也是在写一种心境。不只是向外的寻寻觅觅，也是一种向内的瞬间彻悟，仿佛在那一刻，触碰到了一种妙处难以与君说的感悟。

这种感觉就像"踏破铁鞋无觅处，得来全不费功夫"，那"胜日寻芳泗水滨"，不就是踏破铁鞋，上下求索的写照吗？而一旦顿悟，灵光一闪，竟然见到无边的新鲜的光景了。境与心得，理与心会，哪里不是春？哪里不是东风面？至于这个春，是"仁"也罢，是"理"也罢，是顿悟也罢，是瞬间的妙想也罢，是一种心情也罢，我们不用去计较。也许都是，也许都不是。但这种瞬间的感受与妙悟是真实的，是可遇而不可求的，诗人将这种心境捕捉到并形象传达出来了。

读书是件很枯燥的事吧？要把读书的感觉形象生动地传达出来，也非易事。朱熹的《观书有感》却做到了。

半亩方塘一鉴开，天光云影共徘徊。

问渠那得清如许？为有源头活水来。

这首诗写得有理趣而无理障，以形象来说理，变抽象为具体，手法自然是高明的。

关于读书，朱熹曾说："读书，始读未知有疑，其次则渐渐有疑，中则节节有疑。过了这一番后，疑色渐渐解，以致融会贯通，都无所疑，方始是学。"这番心得，非深于学者，是不能体悟出其中的奥妙的，这也是朱熹能成为大学问家的治学奥秘，是他能写出《观书有感》这样的好诗的基础。

诗的大意是，半亩大的池塘像镜子一般明净清澈，天光云影在方塘中摇曳流动。要问它为什么如此清澈，因为上有源头，使活水不断流来。本文明在写景，实则在讲读书治学的心得体会。半亩方塘，我们可以把它理解为人的思想。一鉴开，写了思想的澄明状态，而天光云影，则是活跃在思想中的种种意识，各种思维意识纷至沓来，可见这是在写思想的活跃。后两句，则以活水源头作比，大意是说在学习中只有不断地吸收新的知识，才能进步不已。

其实，朱熹的这番感受以读书起，却不能以读书结，它揭示了一种普泛的人生哲理。

"源头活水"，简直是一个放之四海而皆准的真理，岂止是读书？小而言之的生活、事业、思想、情感，大而言之的人生、家国，哪一处没有这个"源头活水"的真理融灌其中？"苟日新，日日新"，没有新变，不能代雄。没有活的源头，一切都会僵化，都会腐朽，都会成为一潭死水，激不起生机和活力，激不起新鲜的气息，那样，距离平庸，距离堕落又有多远的距离？

他的诗带有理学家特有的妙悟以及对宇宙万物别有会心的烛照。他的这一特征，其实也深深影响了辛弃疾。

这一影响，是在他退居瓢泉期间创作的词中充分体现出来的。此是后话。

人皆欲杀我独怜

　　退居带湖时期，辛弃疾与江湖布衣陈亮英雄相惜。

　　瓢泉起复后，他又多了一个江湖狂士朋友，刘过。

　　与陈亮和朱熹比起来，刘过与辛弃疾并不是完全平等的知音。他曾做过辛弃疾的门客，大部分的时间里，只是飘荡在江湖里的一介布衣，或者称他江湖狂客，更适宜。

　　正史里面找不到刘过的影子，有关他的传闻，都在江湖，都在逸闻野史当中。

　　的确，他屡试不第，布衣终老，客死昆山，一辈子无缘庙堂，又如何能进得了专为有话语权者书写的正史呢？

　　所谓狂，即超出常规常理的言论行为。这种人大都不拘小节，任性而行，是游离于社会主流之外的边缘人。

　　他少怀志节，喜论兵书，好言古今盛衰，在重文抑武以谈判求安的宋朝本属于少数派。南宋偏安之后，是战还是和，更是皇帝心中一根不能触碰的刺。他以一介布衣之身，凭借一点江湖名声，以蚍蜉撼大树的不自量，多次上书朝廷，大言恢复！这种不合时宜之举，不是狂，又是什么？

　　他终生潦倒，混迹江湖，干谒权贵，换来的银子从不知道爱惜，立即拿来全部换成酒，饮酒如吸虹。他曾做过辛弃疾的门客，一次二人在一个小酒楼喝

酒，一个小官有眼不识泰山，竟然命人将他们赶走。两人不动声色回去后，辛弃疾借故传唤此人，此人未到，辛弃疾说要将他充军。最后此人以拿一万缗给刘过母亲治病为代价，平息此事。在将一万缗交给刘过时，辛弃疾素知他挥金如土的习性，郑重其事地交代说："别再像以前一样，一下子花光了。"刘过没有李白千金散尽还复来的意气与自信，在今朝有酒今朝醉上，却丝毫不逊色。这样一个不通世务之人，不是狂，又是什么？

他曾因一首小词赚取了朋友吴仲平小妾的芳心，结果惹得朋友冲冠一怒，刺伤了小妾，也刺伤了刘过。这样不拘礼法，不是狂，又是什么？

他的狂，还在于他纵游八荒，呼风唤雨，将不同时代的古人拉来与自己共游共饮，直看得岳飞之孙岳珂说他"白日见了鬼"。这首词便是他因故未能接受辛弃疾的邀约，而写的《沁园春》：

沁园春
寄辛承旨。时承旨召，不赴。

斗酒彘肩，风雨渡江，岂不快哉！被香山居士，约林和靖，与东坡老，驾勒吾回。坡谓"西湖，正如西子，浓抹淡妆临镜台"。二公者，皆掉头不顾，只管衔杯。

白云"天竺去来，图画里、峥嵘楼观开。爱东西双涧，纵横水绕；两峰南北，高下云堆"。逋曰"不然，暗香浮动，争似孤山先探梅。须晴去，访稼轩未晚，且此徘徊"。

1203年的辛弃疾，声名已经如日中天。他是南京词坛执牛耳者，又是主战派著名人士，当时是韩侂胄执政，正是主战人士最风光的时候，辛又刚刚担任浙东安抚使这样二三品之间的方面大员，他这封邀请信的分量，刘过不会不知道。尽管刘过此时已经名震一时，但与辛公相比，仍有很大差距。这样难得的邀约，居然不赴，实在说不过去。

他给自己找了很好的理由，同时，也通过这首词投石问路，证明自己。好像有真才干的人故意拿乔，借此抬高自己在对方心中的地位。当然，如果做得

不好，后果是不堪设想的。不过，狂客刘过对自己有深深的自信。

他说自己想应约前去，像樊哙一样，斗酒一饮而尽，彘肩拔剑而啖之，岂不快哉。只是身在杭州的他脱不开身去。曾在杭州为官的白居易，曾在杭州任太守的苏东坡，结庐孤山隐居杭州的林逋，穿越了时光的藩篱，把我叫了回去，与他们共饮。三人各有言语相劝，一片盛情实在难却。只能等天晴了，再去访稼轩您了。

召朋结侣，驱遣鬼仙，纵心玩世，充满了奇异的想象和诙谐之趣。风雨渡江的豪最终让步于醉心临安的逸，这是不是对南宋时局的某种暗喻呢？真可谓"暖风熏得游人醉，直把杭州作汴州"啊！

我们不知道刘过寄寓了这层意思没有，但在他神游万仞召古人为友的行径背后，我分明看到了现实中他的孤独。在当世承受孤独的人，要么在历史中寻找自己的回声，要么留待遥远的未来有人来检阅。

英雄惜英雄，他的这点深衷辛弃疾又何尝看不懂？据说稼轩得之大喜，致馈数百千，竟邀之去，馆燕弥月。

只是，馆燕弥月又如何呢？他终究是一个江湖谒客，投奔在他人的门下，作"庙堂"的附庸，在附庸的面具下，努力地模糊自己的尊严，唱出自己的声音。到头来，才发现江湖是自己唯一的归宿。

唐多令

安远楼小集，侑觞歌板之姬黄其姓者，乞词于龙洲道人，为赋此《唐多令》。同柳阜之、刘去非、石民瞻、周嘉仲、陈孟参、孟容。时八月五日也。

芦叶满汀洲，寒沙带浅流。二十年、重过南楼。柳下系舟犹未稳，能几日、又中秋。

黄鹤断矶头，故人今在不？旧江山、浑是新愁。欲买桂花同载酒，终不似、少年游。

安远楼建于1186年冬，既然是"二十年重过南楼"，此词当作于1205年

秋或 1206 年秋刘过去世之前。

　　1205 年，南宋发生了政变，主张北伐的韩侂胄被主和的史弥远所诛杀。凡是鼓吹北伐的主战派都受到了不同的惩处，一时间十分热闹的北伐抗战场面烟消而云散。韩是什么样的人我们不多谈，但主和派又占据政坛却是事实。整个南宋政坛，基本上都是主和派的天下，主战派很少有时间占领政治舞台。主战派比起主和派来力量弱小，组织松散，好不容易积聚一点力量，又很快被主和派打垮，以至于陆游、辛弃疾这些主战派名人都受到一种政治上的压力而感到说话不方便。韩侂胄这一闹，刘过这一派人受到的压力更大。再加上已经年老力衰，身体心力都大不如前，他除了略提"新愁"以外，什么也不愿意说了。

　　纵观全词，时序是一重悲凉，政治是一重悲凉，友朋四散是一重悲凉，自己身心俱疲是一重悲凉，这么多悲凉，他只说了一句"浑是新愁"。而今识尽愁滋味，欲说还休。真正看穿了世事的人，是什么也不想说，也说不出口了。

　　刘过始终未能进入政治中心，也没有融入上层社会，他最多只能扮演一个谒客和幕僚的角色。是谒客，便免不了投人所好，放下自己的自尊和身段去攀附名流显贵。他写给辛弃疾的《沁园春》完全追和辛词特色，而置邀约于不顾，也有某种自抬身价的私心在其中。辛得此词大喜，致馈数百千并嘱咐他"以是为求田资"，奈何刘过归去后，并没有做一个求田问舍的安分顺民，数百千的馈赠"竟荡于酒"。

　　我理解他的行为。没有人想放下自己的自尊去做一个江湖谒客，始终以一个依附的形象立身于世，灵魂一直是跪着的。但是现实的逼仄，却只能让他选择江湖这样一条不归路，选择依附以求得最基本的安身立命。二者之间的矛盾，会在夜深人静的时候，在和自己独处的时候，噬咬自己的灵魂。可他又能奈何？他只能以狂以傲，掩饰自己内心的痛苦，昭示他作为一个人的真正需索。

　　如果你能看懂他狂傲之下掩藏的那颗焦灼而又痛苦的灵魂，你就能原谅他的一切。

七 绍熙复出

　　1190 年宋孝宗传位给赵惇，史称宋光宗。
这个南渡以来的中兴之主的一点雄心，早已随着
年华的老去渐渐消磨。他不想再理会这些了，将
这付担子卸给了太子，自己安心地做他的太
上皇。

　　自古以来一朝天子一朝臣。一向不待见辛弃
疾的周必大，此时也不再是宰相。

　　朝局变化微妙，在这重新洗牌的格局中，辛
弃疾那颗本来不死的事功之心，又开始跃跃欲
试了。

　　1192 年春，辛弃疾从闲居了十年的带湖，
重新起复，赴福建任提点刑狱。

　　庙堂风波恶，等待着他的又是怎样的波谲
云诡？

春山杜宇啼

十年退居，一朝出仕，稼轩的真实心境如何呢？

不是你想象的欢欣雀跃，也不是南归之初时的踌躇满志。我们都是受过伤的人，官场上的阴谋之箭射来时，躲无可躲。箭拔出来了，疮痕仍在。但是，与其舔舐伤口，重复痛苦，不如把力气用来努力生长，生长成自己想要的样子。

怀着这点倔强，他仍然选择了出山。

但生活又都是由矛盾构成的，哪里没有矛盾，哪里就是一片荒芜。人其实也是矛盾的合体，在出道之际，他的心里满是挣扎，既希望站在舞台中央，扮演自己理想的角色；又害怕被辜负，遍体鳞伤又何如退隐江湖，至少那样还能求得精神的自由与逸放。

骨子里是那么渴望，话到嘴边，说出来的和心里想的恰好相反。

这首写于他出仕前夕的小词，完美地道出了他的矛盾心境。

浣溪沙

壬子春，赴闽宪，别瓢泉

细听春山杜宇啼，一声声是送行诗。朝来白鸟背人飞。

对郑子真岩石卧，赴陶元亮菊花期。而今堪诵《北山移》。

十年退居，他对这里的一草一木、一虫一鸟是恋恋不舍的。一松一竹真朋友，山花山鸟好兄弟，还有那些曾与他订过盟约的鸥鸟，他都舍不得。而它们呢？对他的离去，似乎也有不满。

细听春山杜宇啼，一声声是送行诗。杜宇声声唤，行不得也哥哥。那些与他盟誓的鸥，一直跟随着他，在他身旁盘旋着。

我本来要像郑子真一样，高卧岩石之下。我本来和秋天约好的，要和陶渊明一起赏菊。如今是怎么了？却走在了通往仕途功利的路上。古时孔稚珪为反对朋友违背诺言再度出仕，而作《北山移文》，这文章莫非为我所写？

多么矛盾，多么自责，他用一种自嘲的方式传达出来了。

永远谈论自己的悲哀会让人觉得可笑，不如用一种自嘲的方式，这样也可以巧妙地堵住别人的嘴。

告别了山水，告别了无言的朋友，他还得告别这么多年来一直与他交游、默默关注着他的出处行藏的朋友。

朱熹给他写了信，要他克己复礼。

闲居在福建的陈端仁设宴为他送行。

席上，辛弃疾将满腹的难言之隐和矛盾心境，化成了这首《水调歌头》：

水调歌头
壬子三山被召，陈端仁给事饮饯席上作

长恨复长恨，裁作短歌行。何人为我楚舞，听我楚狂声？余既滋兰九畹，又树蕙之百亩，秋菊更餐英。门外沧浪水，可以濯吾缨。

一杯酒，问何似，身后名？人间万事，毫发常重泰山轻。悲莫悲生离别，乐莫乐新相识，儿女古今情。富贵非吾事，归与白鸥盟。

这首词，上片说自己志洁行芳之贞。下片说自己轻功名富贵、心在田园之志。

一再在词中申述，足见他对这次出仕充满矛盾，而外界对他的出仕也颇多

议论。

情太长，纸很短。就像恨太长，却只能化作一首短短的词。借着朋友送别的乐舞，他发出楚狂声。我像屈原一样滋兰九畹，又树蕙百亩。朝饮木兰坠露，夕餐秋菊落英。又借着门前的沧浪水，清者濯缨，浊者濯足。这一番剖白，只想告诉友人，我志向高洁，行为芳馨，又岂如别有用心之人猜测的那样，是为了追名逐利？

身后名岂如一杯酒？人间万事，孰重孰轻，各人心里有一杆秤。稼轩说，富贵非吾事，归与白鸥盟。即使出山，他有所求，求的也不是富贵。总有一天，我会回来的，实现我跟白鸥订立的盟约。

全词只一句"悲莫悲生离别，乐莫乐新相识，儿女古今情"，点明送别。其余全是稼轩在剖白自己。

看来，一个人要有多强大，才能丝毫不理会外界的是是非非，指指点点！

前路苍茫，去意徘徊。

可生活本来就是一场艰难的跋涉，未知的探寻。如果一切都按预订好的模式走下去，又有何意义？有些路，认真走下去，生活会给你一个满意的答案。有些路，即使没有满意的答案，至少证明我的一腔热血曾经燃烧过，而生命不正是在这种燃烧中，才显示出它诱人的光华吗？

如此想来，又何必转身去嘲笑过去的那个自己？

富贵是危机

自 1192 年为福建提点刑狱起，此后三年中，他又担任过代理福建安抚使、福建安抚使。绝大部分的时间，他都待在了福建，期间曾被召回临安当过半年京官。

他与朱熹情意款洽，他的施政方针，有朱熹莫大的影响。

虽然被投置闲散十年，一旦重新归位，他依然热血未冷，想在地方任上有所作为。

对百姓，他按照朱熹嘱咐的"临民以宽"，本着"惠养元元"的思想，竭力让他们安居乐业。他向朝廷建议施行"经界"和"钞盐"，百姓受益的同时，却损害了部分豪强的利益。

对官吏，他本着朱熹所说的"驭吏以严"，对有问题的官员，雷厉风行，决不手软。对依法办事的官员，他加以褒奖或是抚慰。

他一直念念不忘的，仍然是军队。

这个出身行伍的英雄，总也忘不了在自己擅长的疆域里，按自己理想的模式，建立自己的军队。湖南飞虎军的建立，没给他带来丝毫荣誉，却给他留下了供人弹劾的口实和把柄。可他偏偏放不下。在福建安抚使任上，为了减轻地方的财政负担，同时为了加强军队的力量，他想方设法筹钱，建了一个"备安库"。

备安库，即维护地方安定的专项资金。他想将资金用在两个方面：一方面未雨绸缪，购买储备粮，以应不时之需；一方面招募精兵强将，以加强军队力量。

备安库的筹建，需要很多钱。

一旦与钱沾上了边，很多事情都说不清。

像上次建飞虎军被弹劾一样，这次他又遭到了弹劾，而且风暴比上次来得更猛烈！

1194 年 7 月，谏官黄艾说他："严酷贪婪，奸赃狼藉。"他被免除了福建安抚史之职。

1194 年 9 月，御史中丞谢深甫弹劾他："交结时相，敢为贪酷，虽已黜责，未快公论。"抱着一副痛打落水狗的架势，不置辛弃疾于死地，誓不罢休。结果辛又连降两级。

1195，辛弃疾重新退居上饶。人不在江湖，可江湖依旧有他的风波。

本年 10 月，新任御史何澹依旧弹劾他："酷虐哀敛，掩帑藏为私家之物。席卷福州，为之一空。"这下辛弃疾职名落除，只剩一个祠禄官"主管武夷山冲佑观"。

1196 年 9 月，监察御史弹劾他："贪污恣横，唯嗜杀戮。"辛弃疾终于被剥去官场上的一切职名，几乎一无所有了。

我不想评判，这弹劾的罪名有几分是真，几分是假；我也不想辨别，这弹劾的人流中有几个是出自公心，又有几个是出自私义；我无法想象，面对这群人的集体围攻，辛弃疾会用一种什么样的表情去面对？

被捆押在被告席上的人未必都是君子，但站在台下的法官和原告一定不乏挤眉弄眼的小人。

在这样的政治大染缸中，不脱几层皮，又如何奢望全身而退？

这么多的弹劾为什么不约而同地聚合在一起？就像当初苏辙说东坡一样："东坡何罪，独以名太高。"

我也想说，稼轩何罪？独以名太高。他太出色，太响亮，他的存在是对那帮阴暗之人的一个强烈的反衬与映照。他照出了他们灵魂中那深不见底的羞于

示人的"懦弱"和"小"！

稼轩什么也不想说，他再次选择了退隐！

尚在福建任上时，辛弃疾对即将到来的暴风雨不是没有一点感知。

所有过去，皆为序章。

汇聚到一定程度，就会上演一幕惊心动魄的大戏。

他一边在任上大刀阔斧，一边在心里谨小慎微。他不知道那场风暴准确的来临时间，而在风暴来临之前，他在心里早已跋涉了千山万水，领略了万般滋味。

起复的近三年里，他写的词很少很少，远不及退居带湖时那样多。我们从他的事功政绩里，看到了他的果敢刚毅；从政敌的弹劾中，看到了他如困兽般四面受敌。而只有在诗词里，这座他可以任性经营的后花园里，我们听到了他内心真正的声音。

一次过南剑州，他特意游访了双溪楼。他为什么要游双溪楼？据说双溪楼下有剑潭，剑潭的得名源于一个传说。据《晋书·张华传》记载，张华和朋友雷焕各得一把宝剑——龙泉和太阿。八王之乱中，张华死于非命，剑不知所终。而雷焕的剑传给了他的儿子雷华。有一天，雷华佩戴着那把剑经过福建南平，从水边经过时，那宝剑一跳，从他的腰间跳进了水中。雷华着人去寻，那些人说没有看到什么剑，只看到了两条五彩斑斓的龙，转眼又不见了。原来，那两条龙正是那两柄宝剑所化，因此那个溪潭便被名为剑潭。

游观之前，辛弃疾对这段传说定然是清楚的。游观之后，他写下了这首《水龙吟》。

水龙吟
过南剑双溪楼

举头西北浮云，倚天万里须长剑。人言此地，夜深长见，斗牛光焰。我觉山高，潭空水冷，月明星淡。待燃犀下看，凭栏却怕，风雷怒，鱼龙惨。

峡束苍江对起，过危楼、欲飞还敛。元龙老矣，不妨高卧，冰壶凉

簠。千古兴亡，百年悲笑，一时登览。问何人又卸，片帆沙岸，系斜阳缆。

他从南剑州名的"剑"字落笔，写来豪情万丈，奇幻浪漫。他登上双溪楼，抬头向北看，只看到了遮天的浮云。他真想拥有庄子所说的那柄倚天万里长剑，一扫西北障目的浮云。

接着他从"双溪"入手。当地的人说，直到现在，每到深夜，还常常可以看到潭下剑气的光芒直冲斗牛，千百年来都没有消逝。

那两柄宝剑现在是否还在潭中？今天他来到这里，只看见四周耸立的高山，如此地阻绝，如此地寂寞，可剑潭中的宝剑又在哪里？潭是空的，水是冷的。向上一看，只见茫茫天宇上那轮高悬的明月和淡淡的疏星。

他不甘心。他要去找那两柄宝剑。要像当年的温峤一样，点上一个犀牛角，下水探寻。但刚走到栏杆边，天上风雷震怒，水下鱼龙惨变。

从豪情万丈，欲寻倚天长剑，到跃跃欲试，燃灯下看，再到风云突变，步履迟疑，短短一瞬间，心思却是百转千回。

双溪楼在高山夹束之间东西对峙而起。双溪水经过高危的楼下，水势奔腾跳溅，好像要飞起来的样子，但也只能是"欲飞还敛"，它永远也飞不出四围高高的山。

就像他自己，总是要飞，却总也飞不起来，总是被压下去。

宝剑是找不到了，飞又飞不起来，该怎么办？就像三国时的豪杰之士陈登那样，英雄已老，不妨高卧。他对官场有些厌倦了，这与当年"求田问舍，怕应羞见刘郎才气"的犹豫不决大不相同。如果真的不能上马据鞍、杀敌报国，何妨找一个地方安安稳稳、自由自在生活呢？夏天的时候，可以手持冰壶，高卧于凉席之上，不亦快哉？

可他真的能放下济世扶民的志意，做个高卧的隐者吗？

俯仰人间，多少朝代兴，又有多少朝代亡。人生一世，不过百年，又有多少悲哀，多少欢乐？站在双溪楼上，一时之间，千古兴亡，百年悲欢一起涌上了心头。

放眼远望，是谁把那一片船帆落下来，把船的缆绳系在了岸边？日落黄

昏，暮色四合，无边的意绪，他没有再往下说，只宕开一笔，系于远方的孤舟。

欲飞还敛，欲说还休。

进不能，退不甘。

站在这个十字路口上，他究竟要何去何从？

还是归去吧，功名终究是一抔黄土，兴废也不过是一场大梦。田园深处才能安放自己受伤的灵魂。

纵然今日归去，也不失磊落的贞操；纵然失去了官袍，也要披挂着梦想。

他从来都不是一无所有。

乞归的念头，一次次在他心中泛起。他曾说"好雨当春，要趁归耕"，"到而今黄土扑面，欲归未得"，产生如此强烈的念头，与当时朝局的变化也极有关。

绍熙五年（1194）七月，宋宁宗在外戚韩侂胄的支持下继位，这是十年党禁和专制统治的开始。赵汝愚、朱熹一派政治势力衰败，针对辛弃疾的弹劾纷起。他对再出江湖感到灰心失望，对陷入内耗，不能为恢复事业做任何事情焦虑，一次次想说服自己放下事功的虚妄幻想。

一次他和家人说起辞官退隐的想法，儿子却因田产未置而反对他归去。此种情形下，他写下了这首《最高楼》，一边骂着儿子，一边警示教育。

最高楼

吾拟乞归，犬子以田产未置止我，赋此骂之

吾衰矣，须富贵何时？富贵是危机。暂忘设醴抽身去，未曾得米弃官

归。穆先生，陶县令，是吾师。

待葺个园儿名"佚老"，更作个亭儿名"亦好"，闲饮酒，醉吟诗。千年里换八百主，一人口插几张匙？便休休，更说甚，是和非？

他清楚地看到了人生真相：富贵是危机。君子见机，达人知命。聪明点的人，就要像穆生一样，见王戎不设醴，知其意倦，便及时抽身离去；也要像陶渊明一样，不为五斗米折腰，辞官归隐。他们二人，真称得上我的人生导师啊。

我老了，要想等到大富大贵，又在何时？趁现在还来得及自己做主，不如归耕。修个园儿取名"佚老"，筑个亭儿取名"亦好"。闲时饮酒，醉时吟诗，无欲无求，清心度日，这样甚好。

你难道看不见，短短千年里也换了八百个主；一人只有嘴一张，纵广厦千间，金玉满堂，也只能日食三餐，夜卧一床。知足才是人生至乐，欲望永远没有止境。你们这帮不成器的儿子，一边去吧，从今以后，休要在我面前，说些富贵未得不能休之类的言语。

他这是在劝儿子，也是在借劝儿子劝说自己那颗还犹疑不定的心。

对儿子说的每句话，也是说给自己在听。

归去，归去，富贵是危机。

三年的起复，对他来说，像是做了一场梦。梦醒过后，他似乎有些后悔了。后悔自己不该选择出山，也许就这样待在带湖，不重新走上这红尘，也不会被弄得满身污泥，满身创伤。曲曲折折的心思，他没对外人道，只对白鸥说。

柳梢青
三山归途代白鸥见嘲
白鸟相迎，相怜相笑，满面尘埃。华发苍颜，去时曾劝，闻早归来。

而今岂是高怀。为千里、莼羹计哉。好把移文，从今日日，读取千回。

1195 年，56 岁的辛弃疾满面尘灰回到了带湖，此时的他，真的已是华发苍颜了。

　　白鸥依旧热情欢迎主人的回归，一边笑他，一边又充满深深的怜惜。走的时候，我都劝过你了，别贪恋官场，一定要早早归来。

　　早点辞职归来，人家还会说你高风亮节，不恋红尘。如今回来，可不像张季鹰那样是为了享受家乡的莼羹鲈脍，而是被罢官灰溜溜地不得不回。从今罚你每天将《北山移文》诵念千回。《北山移文》中早把假隐士的嘴脸勾画了个遍，不读它千遍，怎长得了记性？

　　这个老顽童，在这种失意的时候，还不忘幽默地自嘲一把。

　　幽默是一种拯救的力量，它内在的根源不是快乐，而是悲哀。

　　他是看透了人生本质的缺憾与不圆满，用一种悲悯的胸怀去接纳它、化解它，报之以拈花一笑的从容与淡然。

　　绍熙五年（1194）七月，辛弃疾被弹劾罢福建安抚使。秋冬间，又到铅山县的期思卜筑。卜筑，就是择地建房，有定居之意。期思这地方，环境好，风水好。他相中了期思的瓢泉，但真正移居瓢泉，还得等段时间。

沁园春
再到期思卜筑

　　一水西来，千丈晴虹，十里翠屏。喜草堂经岁，重来杜老，斜川好景，不负渊明。老鹤高飞，一枝投宿，长笑蜗牛戴屋行。平章了，待十分佳处，著个茅亭。

　　青山意气峥嵘。似为我归来妩媚生。解频教花鸟，前歌后舞，更催云水，暮送朝迎。酒圣诗豪，可能无势，我乃而今驾驭卿。清溪上，被山灵却笑，白发归耕。

　　他对期思卜筑的结果是相当满意的。难道还有比瓢泉更适合栖息的地方吗？看着他笔下的描述，我不由得心神飞驰。且跟他一起，欣赏瓢泉的风光。

一条窈然深碧的溪水自西而来，又在绝壁处直泻而下。阳光点洒，水面波光粼粼，宛如晴空上的千丈晴虹。群山环抱，迤逦蜿蜒，又好像绵延数十里的绿色屏风。好一个老道的丹青画手！

它就像老杜的草堂，一直安安静静地等在那里，迎接那个历经颠沛、满身疲惫的归人。它也像陶渊明的斜川，如画那般美的景致，正好安放他的灵魂。老鹤只要一枝投宿，便可展翅高飞，又何必学那蜗牛，为世俗羁绊，负载着重重的壳爬行？经过品评鉴定，我已经下定决心，便在这十分佳处，筑个茅亭。

心美，一切皆美。那双欣赏美的眼睛原本长在心里。

心灵在轻舞飞扬，青山也显得分外妩媚。在这片自由的土地上，他恣意放飞着想象。要让花鸟，为我前歌后舞。要让云水，暮送朝迎。花开花落，云卷云舒，全当服从我的命令，我是这一方山水的君，便是那酒圣诗豪和我比起来，又能及我几分？

欢乐豪情几达顶点，乐极悲便生。即使是以酒圣诗豪自命，我能驾驭的也只是山水流云。真正想要的金瓯无缺是越来越遥远冰凉的梦境。偏偏这个时候，又听到溪边山神笑他，你不过是一个被贬回家，归耕山林的老人！

到底是意难平。

欲飞还敛，欲飞还敛！

那光复的理想，是种在他心里的一颗希望的种子，也是种在他心中的一个蛊。如果不是如此执着于此，他大可不必将日子过得如此憋屈。

与一般文人相比，他有的是能力，是手段，他可以让自己过得很逍遥，很任性，却偏偏一次又一次将自己交给这个让他念念不忘的理想梦境。

梦何时才醒？

且用余生来回答。

八　瓢泉蹉跎

在接二连三的弹劾风暴下，1195 年，辛弃疾再度退回铅山带湖。

早在带湖闲居时期，辛弃疾便到期思村访得周氏泉，并改名为瓢泉，有效颜回自得其乐之意。再次回到带湖后，他便着手筹划期思新居，新居落成后，因种种原因暂没有迁去。直到带湖雪楼被焚，他也再遭数次弹劾，便痛下决心搬到新居瓢泉，做一个隐者。

此一归隐，又是将近十年的时间。

带湖退居，他正值壮年，心中对前途事功仍怀着一丝希望，人在江湖，但退而不隐。

此番归隐瓢泉，他早已过了知天命之年，真正已经走到人生迟暮的边缘。即使是天假余年，雄心不已，在无情的流年风雨摧逼下，心中的那团热望恐怕也会慢慢降温，甚至，如死灰般不复温。

南归时那个意气风发的少年，辗转仕途时那

个气韵沉雄的青年，退居带湖时那个归意难平的壮年人，到了这个时候，他已进入萧瑟倦怠的暮年。

南归时让圣天子一见三叹息的英雄壮举，初入仕途时果敢刚毅的霹雳手段，绍熙起复时勤政为民的不死热情，到这时，都化作一阵云烟。

这个时候，风声雨声，政事国事，他都想放在一边。只想在老庄佛禅的清凉境中，寻求心灵的安定。

这个时候，他以山花山鸟为兄弟，一松一竹为朋友，父老乡民为亲人，只想在无机心无功利的自然和田园中，寻求自我的救赎。

这个时候，他更加深深地逃进了醉乡。在那里，寻求物我两忘的解脱。

这个时候，他以一双冷眼观世态，观人生，嬉笑怒骂的谐谑中，隐含着一个久历风波的智者的仁义光芒。

虽然是冷眼看穿，到底是热肠挂住。

藏在心灵隐秘角落那点希望，偶尔还会闪现出若隐若现的光芒。若你是他的知音，便能看见这不灭的一点微光。

谁共我，醉明月？

明月清风中吹送的那点微弱声响，你可曾听到？

且坐清凉境界中

先认识一下这个即将陪伴辛弃疾又一个十年的瓢泉。

从初次见到瓢泉，到最后迁居至此，历时很久。筹划既久，此处当然也不亚于带湖。

在约三百米长的狭长地带上，散落着住宅，水池，一丘一壑，秋水观，停云堂，竹径长廊等。其东是稼轩居住宴饮之处，住宅门前便是"新开池"。顺此一路向西，一面是青山，一面是绿水，松竹掩映，亭台错落。

这里涉目成趣，随形得景，间以茅屋、草亭，不失朴野之味，的确是一个修身养性的好去处。

瓢泉时期，隐士辛弃疾逐渐取代了战士辛弃疾。他依然亲屈陶，但对他们的亲近，已从带湖时期的形迹转变到内在精神；除此而外，他开始对庄子深深着迷，对佛禅身体力行，一心逃往那个可以安放心灵的清凉境。

初到瓢泉，他为瓢泉的一丘一壑写了一首词。词里流露出对复出的悔意，"寻思前事错"，而真正能"锦绣麻霞坐黄阁"的"终须是邓禹辈人"。看透了这一点，他觉得属于自己的天地便是赴江海之约，看"看天阔鸢飞，渊静鱼跃，西风黄菊芗喷薄"。什么贤人在野，什么君臣遇合，都不及那个看穿世事的荷蒉老农，"仰天大笑冠簪落"，又是何等洒脱。

古来贤者，进亦乐，退亦乐。

此时的辛弃疾对屈子退而不乐、忧愁忧思的行为持异议。何必将自己置于忧愁的境地当中？进退皆乐，才是真正的达者。

退隐瓢泉，他对陶渊明的亲近，也渐渐从"南山种豆，东篱赏菊"的形迹上升到对其清真精神的归依。平日里，读渊明的诗不能去手。一日读后，他写下小词一首：

鹧鸪天

读渊明诗不能去手，戏作小词以送

晚岁躬耕不怨贫，只鸡斗酒聚比邻。都无晋宋之间事，自是羲皇以上人。

千载后，百篇存。更无一字不清真。若教王谢诸郎在，不抵柴桑陌上尘。

他用"清真"二字概括陶渊明的精神气质。清，便是在浊世中洁净超脱，不滞于物。真，便是顺应自己的内心，以真诚立世，把生活过成自己喜欢的样子。一个人若有了清真之气，外物拘它不得，如此才能活出一段真精神。而不是像世俗中人，被名之缰利之锁紧紧捆绑，不得自由。

人若能活成陶渊明的境界，就算是王谢豪门士族在，又哪里抵得上陶渊明的柴桑陌上尘呢？

"都无晋宋之间事，自是羲皇以上人。"做一个羲皇上人，是他追求的境界。

心里时时处处有陶渊明，眼中所见的一切，无不和陶渊明有了关系。

在路边看见一棵柳，他便想这莫非是陶渊明种在门前的柳？一时恍惚，便穿越时空阻碍，要"到君家悠然细说"。

到了重阳节，他心中不再有隐居隆中的诸葛亮，"惟有黄花入手"。风雨凄凄中，他担心渊明东篱边的黄花是否依旧。眼望南山，他看见了陶渊明拄杖归来的身影。他托西风给陶渊明带去消息，问君能来此作客否？渊明说，鸟倦飞知还，云无心出岫。世间一切莫不随性自适，来和去自有定数，此中真意，

欲辩忘言，君且去好好领受。"天下事，岂无酒"，隔着时空，与渊明对饮，也是一乐。

只是后来，与这个高情千载的陶彭泽神交已久，他觉得连酒也是多余的了。陶渊明曾说过，要识得琴中趣，未必在弦上声中求。他自有一把无弦琴，在心中弹奏。若如此，又何必要那杯中物，但持空杯，临风一笑，也是一种醉。

他又拉来老庄，用老庄思想作为平复他内心伤痛的良药。

谈齐物，辨大小，说有无，悟动静，达贵贱，知刚柔，神游在庄子的那个乌何有之乡，他有时甚至忘了自己身在何处，像梦蝶的庄周一样，不知何者为物，何者为我。

他甚至以秋水观命名自己的亭子。

在退归瓢泉期间，你经常可以看见这样一些亲近老庄的诗句：

"若要足时今足矣，以为未足何时足。"这是在劝说自己知足常乐，自南归至今，他在仕途上已是二仕二已。功利之途岂有尽头？命由天定，该知足时当知足。

"味无味处求吾乐，材不材间过此生。"大音希声，大象无形，大美无言，大味无味，在无味处方可求得至乐。有材会被人用，无材会被人弃，我就做那材与不材之间的一棵树，得自然之理，颐养天年。

"左触右蛮，一战连千里。君试思、方寸此心微。总虚空、并包无际。"人心寸微，在触蛮之国的渺小领域里争得头破血流，岂不知人只是天地一稊米，在永恒的宇宙间终是一虚空。

这些还不够。

他像一个饥渴的孩子，在寻找着一切可以充实他心灵空寂的食物。

出入老庄，又出入佛禅。

禅宗认为，人人都有一个澄明圆满的自性，只是这个自性往往受欲望尘垢的翳障，结果执着妄相，迷失本心。破除执着，方能自色悟空。

他便努力地"心似孤僧"，殷勤对佛，藉此在失意岁月里，忘情世事，洗

净机心。

他说，颇觉参禅近有功，因空成色色成空。色空静处如何说？且坐清凉境界中。

又说，净是净空空即色，照应照物物非心。请看窗外一轮月，正在碧潭千丈深。

万物若保持其真如本性，便不会迷失在色相当中。人世间的多少痛苦悲欢，不正是因为失去了初心，在欲望的驱使下，一步步迷失在色相当中？

功名富贵，无论出自哪一种意愿，执着即迷失。

对辛弃疾而言，平戎万里的人生理想，同样也是一种执着，也是一种迷失。

只是佛法无边，要真正参透，岂是在失意之际权当慰藉的一瞬间？他只是在寻找一味又一味安抚心灵的方剂而已。

人终归要有信仰。信仰爱，信仰守望，信仰不曾离去的灵魂和冬天的艳阳，甚至信仰一棵菩提，一只暹罗，一枚醒在早晨的露珠，也好过你此刻绝望的独立。

也许，佛禅并没有让他真正解脱，却让他雄深雅健的诗词里，偶尔染上了几分佛禅的清凉与机趣。看看这首《玉楼春》：

玉楼春
戏赋云山

何人半夜推山去。四面浮云猜是汝。常时相对两三峰，走遍溪头无觅处。

西风瞥起云横度。忽见东南天一柱。老僧拍手笑相夸，且喜青山依旧住。

此词充满了禅趣。词的开篇稼轩故作惊奇地问：是谁半夜里把天柱山给推走了？山能推走，这想法也真是新奇。接着自答：我猜想是你们四面浮云干的吧，好像是抓住了恶作剧的顽童，连猜带审问。俺平日里经常看着那儿有两三座山峰的，今日走遍了溪水尽头都没见到山的影子。是不是你们浮云在捣鬼？

事情发生了戏剧般的逆转。

西风陡地刮起，云雾迅速散去，忽见东南边的天柱峰豁然耸立。这时身旁的老僧竟然掩饰不住内心的喜悦，拍手称道：好啊，青山依旧在，没被人推走！我想这老僧一定不在稼轩身边，他住在稼轩心里，是一个参悟禅机、获得瞬间妙悟的稼轩。

山本来就在那里，不悲不喜，不来不去。只是人在某些时候迷失了本性，被云山雾罩的色相迷住了眼睛或心灵，以为山再也找不到。破除了色相的虚妄和迷障，山自然就会重新浮现在你的心上。

不知稼轩是否有如此想，但不妨碍我们作如是观。

要物我欣然一处

空渺的梵音是为了洗去一切尘念，让世间徘徊的灵魂有宁静的偎依。

叩山为钟鸣，抚水成琴弦，山水的清音谁是知音？

无言的山水，终于等来了这个抖落满身风尘的知音——稼轩。

从今往后，瓢泉的山山水水又多了一位常来常往的朋友。这个白发萧散的老翁，有事没事在山里转悠，管山管水管竹。在物我欣然一处当中，他渐渐忘记了自己的伤痛。

他一生爱水，初到瓢泉，他想像在带湖时一样，拥有一个湖，但开湖未成。虽然没成，他依然在心中勾画着偃湖烟水蒙蒙的情形。

沁园春

灵山齐庵赋时筑偃湖未成

叠嶂西驰，万马回旋，众山欲东。正惊湍直下，跳珠倒溅；小桥横截，缺月初弓。老合投闲，天教多事，检校长身十万松。吾庐小，在龙蛇影外，风雨声中。

争先见面重重，看爽气朝来三数峰。似谢家子弟，衣冠磊落；相如庭户，车骑雍容。我觉其间，雄深雅健，如对文章太史公。新堤路，问偃湖何日，烟水蒙蒙？

这首词，不但写出了山之形，更画出了山之神，堪称王国维所说的"有境界"之作。

你看他怎样描山之形：

他眼中的山是动态的。连绵起伏的群山在他眼里是"叠嶂西驰，万马回旋，众山欲东"，它们动起来了，就像一万匹马在那里奔腾回旋，想要从西边跑到东边。山上的水呢，"正惊湍直下，跳珠倒溅"，珠圆玉润的玲珑中有着飞流直下的飞扬。山上的松树，在他的眼里化成了等待他检阅的十万士兵。他这个小小的屋子呢，就在这气势非凡的松林之外，风雨声中。山水的动态与跳脱宏壮的气势，恰与他刚健磊落的气质和谐一致，这眼中的景是他精神人格的外化与象征。

你再看他是怎样描画山之神：

不待清晨的浓雾散尽，数座山峰就急不可耐地从雾气中钻了出来，像一群活泼可爱的年轻人，带着一股清爽之气争先恐后地欢迎他归来。

这些性格情态各异的山，各有各的优长。那些青翠的山峰像谢安家族的子弟，如芝兰玉树，风度优雅，俊朗大方；那些前后相连的山，就像司马相如带着他的随从，华贵雍容，气度不凡；那些高耸而挺拔的群山，深沉厚重而又雄深雅健，如读太史公的文章。

在这里你看到的不只是青山的美，还有稼轩如青山般广博的学问和胸襟，如青山般傲然立世的凛冽，如青山般睥睨一切的桀骜以及从容立于天地间的优雅。

物与我，完美合一。

他有博大雄浑的一面，也有精致有趣的一面。

湖没有筑成，他便开了个池子。这不，这个新开的池子，又逗引了他的诗情。

南歌子
新开池，戏作

散发披襟处，浮瓜沉李杯。涓涓流水细侵阶。凿个池儿，唤个月儿来。

画栋频摇动，红蕖尽倒开。斗匀红粉照香腮。有个人人，把做镜儿猜。

炎炎夏日里，最惬意莫过在一个荷风送香、竹露滴响的水榭亭台边，随意披散着头发，敞开衣襟，一边欣赏着满池映日别样红的荷花，一边吃着在冰水里浸泡得清凉的瓜果。稼轩是个会生活的人，他为此新开了一个可供夏日纳凉赏心的池子。

涓涓流水细侵阶，凿个池儿，是因地制宜。不但要凿个池儿，他还要唤个月儿来，月映池中，清波粼粼，别有一番情味。

月儿暂时是唤不来的，且待夜半。但池儿并没有闲着，你看，一株株红蕖，正对着池儿顾影自怜。红蕖此刻化作了红粉佳人，池儿此刻便是佳人的镜子，她在欣赏自己的美。

我很惊讶，一个流淌着英雄血的关西大汉，怎么偏有着执红牙板的柔情蜜意？一个情感不丰富、不饱满的人，断然写不出这样的句子，也体会不到这种细腻的感情。这便是稼轩的独特之处。

沉浸在自然之中，将感官全部打开，你便能体味到物我欣然一处的种种乐趣。

他将这种物我欣然一处的乐趣投注到一切对象当中，有情的，无情的。有生命的，无生命的。

初到带湖，他便和白鸥订盟，还要邀白鹤为邻，在鹧鸪声声唤中满怀依依别情。到了瓢泉，旧日的友伴见不到了，他又结交了一个新的朋友——鹭鸶。他为这个新朋友，作词一首相赠：

鹊桥仙

赠鹭鸶

溪边白鹭。来吾告汝。溪里鱼儿堪数。主人怜汝汝怜鱼，要物我、欣
然一处。

白沙远浦。青泥别渚。剩有虾跳鳅舞。任君飞去饱时来，看头上、风
吹一缕。

虽是初见，却像是旧时相识。他对这个老朋友说，白鹭啊白鹭，你过来。
我告诉你啊，溪里的鱼儿也不多了呢。我疼爱你，你也要疼爱鱼儿哟，少捉一
些鱼，"要物我、欣然一处"。你把鱼儿捉光了，生态失衡了，你从此就没得
鱼吃了，生物链断了，你也无法生存了。鱼跟你、你和我，就不能"欣然一
处"了呢。

他是不忍心白鹭挨饿的，便热情地跟白鹭支招：你看远处的白沙浦、青泥
渚，小虾泥鳅很多，任你飞去，吃饱了再回来。我会在这里等着你，看头上，
风吹一缕。

这句"看头上，风吹一缕"有些费解。但细想来，感觉到一种温柔的慈
悲。风吹动的那一缕，是鹭头顶上的羽毛吗？还是鹭眼中，稼轩头顶上的一缕
白发？或许都是。在这里，我们看到了稼轩和白鹭如同亲人般的守望相处。

我想此刻的稼轩看起来是悠然安详的，和身处庙堂时的警惕紧张截然不
同。那里给他的是风浪是惊险是腥风血雨是暗刃锋藏，是诡谲朝堂铁马金戈龙
争虎斗。而这里给他的是山水田园安然耕读。

怎么就不能放下呢？

当一个对红尘不理不问的渔樵闲人，守着青瓦老宅，日出忙活，日落读
书，听鸟鸣，闻花香。直到瓦片与石子路的缝隙间生出了青草，才知时光正在
悄然老去。

这里的一草一木，都认识稼轩。

这里的每个乡民，也都认识这个肝肠似火般热情，色貌如花般温柔的辛

大夫。

虽然他们无法理解他眼神中偶尔流露出来的落寞，却像对待自家人一样，以一颗慈悲心接纳他。他们踩着自然的节奏，日出而作，日落而息。日子在四季的轮换中，悄然更替，他们在更替中水波不兴，安然自足。

有时候，稼轩不带书，不带笔，不带半文钱，一身轻松又一身虚浮，如离枝的叶，在乡村的风中转悠。极洒脱又极卑微，卑微到谁也认不出。泯灭了界限，泯灭了身份，像一个来于尘又归于尘的微粒，呈露出生命本来的样子。

在这种本色当中，他收获的是本色的快乐。

满江红
山居即事

几个轻鸥，来点破、一泓澄绿。更何处、一双鸂鶒，故来争浴。细读《离骚》还痛饮，饱看修竹何妨肉。有飞泉、日日供明珠，三千斛。

春雨满，秧新谷。闲日永，眠黄犊。看云连麦垄，雪堆蚕簇。若要足时今足矣，以为未足何时足。被野老、相扶入东园，枇杷熟。

这是一个与往日并没有两样的山居一天。

瓢泉边，几个轻鸥来点破一泓澄绿。不远处，一双鸂鶒，故来争浴。轻鸥和鸂鶒，打破了原有的静寂，为瓢泉增添了几分活力。抬起头看看它们，低下头读读《离骚》，再饮几杯老酒，这样的日子，真真享受。

饱看修竹，不俗。何妨食肉，不雅。雅俗之别，自在心中。痛饮酒，熟读《离骚》，我便是真名士。

春天来了。久处瓢泉书斋的稼轩，行至户外，感受一下春天的无边光景。

春雨很充足，滋润得秧苗满是新鲜的绿。日子在闲散中拉得分外长，长得催眠了路边的几头小黄牛。野外淡云轻覆着麦垄，室内绿桑上白胖胖的蚕儿簇拥。天地莫非生意，万物莫不适性，对景如斯，怎不感发人心之至乐？所以他情不自禁地发出感慨：若要足时今足矣，以为未足何时足。

这样的安恬适性，人还有什么不满足的呢？若此时都不能满足，又何时能得到真正的满足？

稼轩以一颗真诚柔和的心感受着乡野融融的春意，这种春意又从他的心田流了出来，笼罩着自然万物。

一个忧时忧世的英雄，难得有这样忘我的沉醉。

而让他沉醉的还在后面：一个乡间野老，扶着这个白发萧萧的老人，走进了东园。

东园的枇杷熟了。

他没有再往下说，但你应该懂得。他只说东园的枇杷熟了，而那个扶着他的野老也定然是笨拙的，他的淳朴和善良，也只化作这四个字：枇杷熟了。

四个字外的浓浓暖意和纯净的乡情，留待你慢慢品味。

这欣然相处的岂止是物，还有人，还有宇宙间一切有情的生命。

自然接纳了他，他也时时接纳着自然。

乡民关心着他，他也时时关心着乡民。

他用眼睛观察着，用笔墨记录着，用心去感受着。一场春雨带来欢欣与满足，一枝春花绽放着热情和殷切，一只啼鸟轻灵的叫声中隐藏着的小心思，他都捕捉到了。

浣溪沙

父老争言雨水匀。眉头不似去年颦。殷勤谢却甑中尘。

啼鸟有时能劝客，小桃无赖已撩人。梨花也作白头新。

乡间父老都说今年风调雨顺，是个好年成。不像去年那样，粮食歉收，弄得他们常常没饭吃，装米的罐子里落满了尘。

他们展开了紧皱的眉头。

这些面朝黄土背朝天的父老啊，一辈子生于斯，长于斯，他们对这片土地爱得真诚。只要土地能给他们提供基本的衣食之需，他们便感到莫大的幸福与满足。

他们把根扎在土壤里，与禾苗一起生长，与风一起过冬，与鸟儿一起歌唱春光。所求的，不过是一点雨露，一点阳光，一次顺顺当当的生长。

这里的鸟儿在鸣叫，好像劝他在此多多逗留。这里的桃花很艳，仿佛在撩拨着路过的行人。这里的梨花也不甘寂寞，在春光中也作白头新。

天是和谐的，人是和谐的，地上万物也是和谐的。

在这个春天里，他用一颗锐感的心感受并传达着乡民和万物的欣喜。

有时候，稼轩乘着竹轿，带着钓竿茶具、圆椅坐垫，往来溪头村畔，累了就坐下喝茶赏景。秋天赏菊，冬天观梅，俨然是江湖散人陆龟蒙再世。天天到此，连附近的儿童都面熟了，辛老爷子的竹轿一到，儿童就指指点点，说那身材魁梧的红脸爷爷又来玩了。

汉宫春
即事

行李溪头，有钓车茶具，曲几团蒲。儿童认得，前度过者篮舆。时时照影，甚此身、遍满江湖。怅野老，行歌不住，定堪与语难呼。

一自东篱摇落，问渊明岁晚，心赏何如。梅花正自不恶，曾有诗无。知翁止酒，待重教、莲社人沽。空怅望，风流已矣，江山特地愁予。

秋天过去了，东篱的黄花摇落了。不用怕，冬日里还有梅花。村里的人都知道他最近在戒酒，还写了戒酒令，却依然殷勤地前去为他沽酒。他们知道，没有酒，这个老翁是拿不出诗来的。且由着他的性子，让他快活。

这日子看似逍遥自得，有时也会有些郁闷。为何英雄之身，如今落得这般清闲无事，只能在溪边日日照影，像林间野老，天天行歌？一想到这里，不只是他自己愁，连江山也为他愁呀。

且不去说他的愁，在这里，我只看到村民对这个爱喝酒、爱闲游的老者是再熟悉不过了。对他的习性、他的喜好，甚至是他隐秘的家事戒酒，都了然于心。彼此之间，已然没有半点隔阂与陌生。

更有意思的是，有时稼轩醉得忘了回家的路，他老人家一点也不慌张，随意问路边经过的行人，别人都会告诉他：向前边那个有座古庙的地方走去就行了，再穿过南面溪边的乌桕树，准能找到你的家了。

玉楼春

　　三三两两谁家女。听取鸣禽枝上语。提壶沽酒已多时，婆饼焦时须早去。

　　醉中忘却来时路。借问行人家住处。只寻古庙那边行，更过溪南乌柏树。

　　哈哈，这个可爱的老爷子，居然向别人打听自己的家，真是糊涂得可以，也率真得可以。说起来，他的这场醉，也是"提壶"即杜鹃鸟的叫声惹的祸。鸟本无罪，罪就罪在名叫"提壶"，在这个爱酒者稼轩眼里，那三三两两去赶集的农家女子，不是去买别的，不正是提着酒壶买酒去了吗？家中婆婆做的饼子快烧焦了，正等着她们回去呢。

　　结果呢？农家女的酒还没有下文，稼轩却一时兴起，为了不辜负"提壶"的叫声，竟然把自己先醉倒了。醉到找不着北。

　　这样的趣事，一件件一桩桩，他细细数来，心里充满着温暖与安适。

　　心到安处，即是吾家。

　　他仿佛已经把这里当作自己的家了，虽然他的家在那遥远的北方。

　　从大漠孤烟塞北，到杏花春雨江南，从金戈铁马阳关，到山水田园牧歌，他在体味着这人间不同的风景，不同的姿态。这个在瓢泉边的游子，无论明天将到哪里，身处何方，又将展开怎样的人生，都不要忘了这段日子里所收获的那份感动，那份沉醉，那份喜悦，那份安适。那是灰暗日子里，绽放出的璀璨光芒，足以抚慰余生。

总把平生入醉乡

虽有老庄佛禅给予清凉，有山水田园给予抚慰，心中块垒仍在，唯有进入醉乡。

要他戒掉功名事业之瘾，实在是难。在戒的过程中，忍不住要发疯——酒疯。淡酒淡品，烈酒烈饮，借着醺然的醉，才可以暂时忘记"此身非吾有"。

这段时间里，愁有多深，酒就有多浓。他的词里也散发着浓浓的酒气。

再度落职，梦想的微光也快要熄灭，而他始终找不到打开黑暗之屋的那扇窗。他只能在酒里泯灭黑白，自我安慰。

添字浣溪沙

总把平生入醉乡。大都三万六千场。今古悠悠多少事，莫思量。

微有寒些春雨好，更无寻处野花香。年去年来还又笑，燕飞忙。

他几乎想把余生消磨在醉乡里，大醉三万六千场。醉里管它今古悠悠多少事，莫思量。所谓的今古悠悠事，就是古往今来人们看得比天还大的功名事业。现在他说，莫要再想了。这就是明明白白地逃避，明明白白地买醉。醉里日月长，不知不觉间，春已经来了。春雨带着些许寒意，野花还无处寻觅。年年岁岁花相似，燕飞忙。岁岁年年人不同，鬓微霜。

就这样在浑浑噩噩中，把日子闲消磨。

有时他忍不住大声呼喊：近来愁似天来大，索性移家向酒泉。

丑奴儿

近来愁似天来大，谁解相怜。谁解相怜。又把愁来做个天。

都将今古无穷事，放在愁边。放在愁边。却自移家向酒泉。

愁似天来大，无人相怜。只能把今古无穷事，放在愁边，然后以酒浇愁。他不是一般地举杯消愁，而是恨不得移家向酒泉，"一饮动连宵，一醉长三日"。

任何人在面对突如其来的巨大挫折与打击时，都得经历三个过程：面对它，接受它，改变它。此时的辛弃疾一定还处在从第一个阶段向第二个阶段迈进的过程中，当他全然接受了，他便会与自己和解。当他与自己和解了，也就是与世界和解，与对抗和解，与命运握手言和。而人一旦顺从，便意味着改变的开始。

他还需要假以时日，才能走出愁城。

那么，就让我们纵容他吧，纵容他在酒乡里任性。酒醉了人心，也酿就了诗情。

如果没有酒，这世上便少了很多诗人，很多诗情，很多诗篇。

如果没有酒，杜甫写不出《饮中八仙歌》，那酒中八仙，与其是说借杜甫出神入化的笔出名，不如说是酒成全了他们。

如果没有酒，李白也写不出《月下独酌》，这如完璧般清冽而又带着仙气的神来之作。

如果没有酒，辛弃疾也写不出《西江月·遣兴》：

西江月

遣兴

醉里且贪欢笑，要愁那得工夫。近来始觉古人书，信著全无是处。

昨夜松边醉倒，问松我醉何如。只疑松动要来扶，以手推松曰去。

昨夜他又喝高了，醉得东倒西歪，来到松树跟前，醉眼蒙眬地问松树："我没喝醉吧？"松树答："瞧你这样子，一定是喝醉了。"

稼轩不服气："我没醉！"

晃晃悠悠中，他发现松树也在摇摇晃晃，以为松树要来扶他，很生气地用力一推说："去你的！我没醉，倒不了。"结果定是他自个儿栽了一个大跟头，重重摔在地上，辛老夫子不好意思告诉你。

这场人与松之间的对白，分明不是人间清醒语。我无法想象，如果不喝酒，稼轩怎么写得出这样声口毕肖、活灵活现的胡言乱语呢？

可它乱得有情趣，有真气。它让你恨他不得，怪他不起。恨不得将酒奉上去，让他再写上如此这般出神入化的言语。

他喜欢松。清醒时，松是他的阅兵对象，他要"检校长身十万松"；醉时，松又成了他消愁解闷的知己。这松树极具人情味，而这个推松的狂人，也带着宁肯醉倒也不乞怜的傲气。

回头看看，他喝酒的原因是什么？

因为"近来始觉古人书，信著全无是处"。古人的书，是圣贤之书，人人奉为圭臬，可稼轩却对它产生了怀疑。不但怀疑，简直认为它全无是处。他要表达的到底是什么，赵晓岚女士分析得特别好：

> 这句话还有另一层更重要的意思，即作者遵循儒家的训导，以治国平天下为政治理想，却不仅处处碰壁，更因为这种理想和追求，招来了更多的打击和诬陷。因为古道被破坏了，古书上的话没有人遵守了，那么再去按古人书去做，岂不是大错特错吗？所以与其说他在指责古人的错误，不如说他是在批判今人的荒谬，是表面上以否定古人的态度而表现出对黑暗现实的一种鞭笞。

他这样任性的"沉醉"，终于招来了家人的反对。毕竟，已近年迈的他，身体经不起这样的折腾。

他曾在《定风波》中写道，一日在外与朋友醉饮，至深夜才踉踉跄跄而归，还没有来得及脱衣，便倒头而睡。次日清晨醒来，蒙眬中发现淡绿色的纱窗上贴满了纸条，揉眼一看才知道，那是妻子范氏贴的劝他戒酒的纸条。

妻子的劝酒方式也够特别的，不是当面撕破脸皮，而用一种文雅的传纸条的方式，这夫妻间的感情，非同一般。

为了妻子，为了家人，为了自己的身体，他终于痛下决心要戒酒了。如是便有了这首著名的戒酒词：

沁园春
将止酒，戒酒杯使勿近

杯汝来前，老子今朝，点检形骸。甚长年抱渴，咽如焦釜，于今喜睡，气似奔雷。汝说刘伶，古今达者，醉后何妨死便埋。浑如此，叹汝于知己，真少恩哉。

更凭歌舞为媒。算合作平居鸩毒猜。况怨无大小，生于所爱，物无美恶，过则为灾。与汝成言，勿留亟退，吾力犹能肆汝杯。杯再拜，道麾之即去，招则须来。

这是辛弃疾与酒杯之间的一场精彩博弈。

辛弃疾：杯子，你给我站到前面来！老子今天宣布，从今以后，要好好管管自己的身子，戒酒养生了。想这些年我喝酒啊，只喝得嗓子眼像干锅在烧，如今又添了一个毛病：瞌睡不醒、鼾声如雷，这都是拜你所赐！

酒杯：哎呀，你老人家这就想不开了。一点小毛病，就让你束手就擒？你看人家刘伶，多达观的一个人啊！他走到哪儿，酒喝到哪儿，还叫人背一把大锹在后面跟着，说死了便埋，在哪儿醉死的，就埋在哪里。像你这样爱酒，不是不知道吧？

辛弃疾：啊，死了便埋？你枉为我的知己，居然用这样不负责任的话来对付我！真是个薄情寡恩的人呀！你平时真害我不浅，还借助那些艳歌艳舞一起引诱我，简直就想像鸩毒一样毒死我啊！再说，人间怨恨没有大小之分，都是由爱而生；事物本身也没有好坏之别，过度就成了灾难。饮酒也是一样。今天

我要跟你说定了，你赶紧点走开！要不，就等着我把你捏碎吧。

酒杯：慌慌张张拜了两拜，别，别，千万别这样。我听您老人家的吩咐，马上滚开就是了。你啥时再需要我了，吱一声，我便马上赶到！

酒杯心里暗想：小样，你离不开我的，咱们走着瞧！

在这里我看到了辛弃疾内心灵魂的交战，对酒杯的审判，也是对自己灵魂的审判。法官和罪人，都是他自己，又与酒杯何干？

酒和功名之心一样，注定是戒不掉的。这个毒瘾随时会在内在刺激下发作。

辛弃疾很喜欢魏晋名士说的那句："我与我周旋久，宁作我。"他内心始终有个声音在告诉自己："宁作我，岂其卿！"如果我戒除了自己的习性，那便不是原来的辛弃疾。我宁愿不要违拗了自己的本性，做一个真实的我。

所以，就像酒杯可以招之即来、挥之则去一样，他自己也被朝廷招之即来、挥之即去。因为他心中的那点念想和欲望从未清除干净！

戒酒无异于戒掉自己的梦想，自己的功业心，这对稼轩来说，无异于要了他的命。

这明摆着就是一件不可能完成的事，是一则无法兑现的诺言。他用一种近乎自嘲的方式，自娱又娱人。

我们在上面已经看到了，他戒酒，是想动真格的。不然，怎么连村里的乡民老少都知道了呢？乡民知道他戒不了，不待他开口，主动跑去为他买酒。在他喝得酩酊之际，还为他指回家的路。

这酒戒不了，半是自己戒不了，半是这帮善解人意的乡民的"帮助"。

其实，在带湖退居期间，他亦多饮酒。但那时的嗜酒，是身虽醉而心愈烈，饮得愈多愈是迸发出壮志难酬的感慨。酒不但没有浇灭心中块垒，反而激起他的热情。

在退隐瓢泉期间，他的饮酒已经变味了。他以狂饮求解脱，求麻醉，醉而至于生病危身，醉而至于意志消沉。

同样的饮酒，他已经从带湖时期的犹存热望而至于现在的悲凉颓放。

两次退居期间短暂的起复不但没有带给他兴奋和满足，反而使他对朝政和

184

时局更加失望。政坛上由韩侂胄兴起的"庆元党禁"，使与他政见相近志同道合者备受迫害，而自己也被迫奉祠回家。随之而来的弹劾并没有因他回家而止息，反而变本加厉，直至他所有名衔被夺。他，真正成了一个乡民。

谁人共我醉明月

　　带湖退居时期，他有待时而起之志，朋友圈比较大。

　　与之交往的人有朝中权贵，有地方政要，也有志同道合的朋友，还有一些慕稼轩之名而追随他的学生。

　　瓢泉归隐时期，他的心境从激愤怨抑变成苍凉悲楚，使命意识虽然未曾泯灭，但长期闲置让他精神颓丧，作为英雄的辛弃疾慢慢淡出，作为隐士的辛弃疾站了出来。

　　这个时期，与之交往的人并非名流政要，多非仕宦中人。要么是一二个至交好友，要么是远近亲人，要么就是和他一样有闲逸自适意趣的人。

　　比如韩仲止、赵昌父（藩）、徐斯远（文卿）、赵茂嘉、傅岩叟等。

　　他分明是感到孤独了。

　　生命从来不曾离开过孤独而独立存在。无论是我们出生、我们成长、我们相爱还是我们成功失败，直到最后的最后，孤独犹如影子一样存在于生命一隅。

　　这个孤独的影子时时穿梭在稼轩的心灵上空。

　　尤其是在离别的时刻。寂寞的人生旅程，又有一个人要走。留下的，往往比离去的人要承受更多，难受得多。

　　因为，留下的人是在原地不动，他的世界是封闭的。而离去的那个，面对的是未知的世界，这个世界是开放的。

这一次，他送别的是茂嘉十二弟，此人也是一个想有为却无法作为的失意人，此次他被朝廷调往南方桂林。

贺新郎
别茂嘉十二弟

　　绿树听鹈鴂。更那堪、鹧鸪声住，杜鹃声切。啼到春归无寻处，苦恨芳菲都歇。算未抵、人间离别。马上琵琶关塞黑，更长门、翠辇辞金阙。看燕燕，送归妾。

　　将军百战身名裂。向河梁、回头万里，故人长绝。易水萧萧西风冷，满座衣冠似雪。正壮士、悲歌未彻。啼鸟还知如许恨，料不啼清泪长啼血。谁共我，醉明月。

此词被誉为辛词第一，也是一首著名的不惜笔墨铺排典故的长调送别词。他恨不能把史上所有的送别场景囊括其中。

黯然销魂者，唯别而已矣！鹈鴂声声鸣叫，让人情何以堪。偏偏鹧鸪还一声接一声地叫着"行不得也哥哥"。此声未落，杜鹃又啼血。在这个繁花落尽、芳菲难觅的暮春时刻，更添一分伤情！

离别是什么？

是一曲离殇愁上心，却看夕阳入山映残柳。

是一杯浊酒饮入喉，却看西出阳关无故人。

是一句珍重赋羌笛，却看今宵青灯独伴孤寂影。

离别的曲子太多太多，自古至今，唱了千千万万遍。这些稼轩都知道，但这些都不足以传达他的离情。

离别对他而言，是国破家亡的故国恨，是佳人见弃、英雄闲置的悲凉意，是离乱时世中永难再圆的复国梦，是异乡游子有家难归、有国难报的进退失据，是壮士慷慨悲歌一去不复的壮怀激烈。

五个历史典故一气铺排，一段段历史场景历历在目。而这些历史事件的述写又是句句见景，字字含情，语语有意。

"马上琵琶关塞黑"，是昭君被迫远嫁匈奴，成为汉元帝和亲的工具。她

187

拨弄着怀中的琵琶，在暮色苍茫中走向阴森晦暗、黄沙遮日的塞外荒漠，从此远离了她的故国故土。

"更长门、翠辇辞金阙"，是陈皇后失宠幽居长门宫。金碧辉煌的翠辇装饰着她一旦失宠便暗无天日的忧伤和佳人如秋扇般见弃的凄凉命运。

"看燕燕，送归妾"，是卫姜送戴妫到郊野。此一去你像燕子一样飞向远方，直到再也不见你的身影，我不由得泪落如雨。这一去不只是生离，是永别。

"将军百战身名裂。向河梁、回头万里，故人长绝"，是李陵与好友离别。苏武被扣留匈奴十九年，回朝之际，李陵置酒相送。想起老朋友曾携手桥上，如今却要相隔万里，永远分别。独留他在异国他乡，有家难归，有国难回。

"易水萧萧西风冷，满座衣冠似雪，正壮士、悲歌未彻"，是荆轲刺秦，燕太子丹在易水设宴为他送别。萧瑟秋景中，满座衣冠似雪，高渐离击筑，荆轲唱起了"风萧萧兮易水寒，壮士一去兮不复还"，这是英雄慷慨赴死的悲壮境界。

这其中的故国恨，丧乱意，民族情，英雄泪，交织一片，"古今无此笔力"。句句写的是历史，又句句关合着现实。在历史与现实的交织跳荡中，他又将目光投向了未来："谁共我，醉明月。"

知音远去，无人能共，这一腔复杂的心绪又将说与谁听？唯天上一轮明月。

孤独难以忍受，但并不可怕。可怕的是你惧怕孤独。

具象的孤独是因为你存在的空间里，了解你的人很少。但心灵丰满的人，和一草一木都能有交流，根本不会孤独。热闹是别人的，孤独才是自己的。

没有人乐意享受孤独，但学会与孤独相处的人，心灵会因此而丰满，灵魂会因此而丰盈。

在无人与共的日子里，稼轩用脚步丈量过园亭的每一寸土地，用目光抚摸过每一株草木。为每一朵花，每一棵草，每一个建筑，都写下了诗词。有一天，他独自坐在停云堂，觉四围水声山色，竟来相娱。它们是来向稼轩求诗的，对着这些前来要账的"亲友"，他写下了这首《贺新郎》：

贺新郎

甚矣吾衰矣。怅平生、交游零落，只今余几。白发空垂三千丈，一笑人间万事。问何物、能令公喜。我见青山多妩媚，料青山、见我应如是。情与貌，略相似。

一尊搔首东窗里。想渊明、停云诗就，此时风味。江左沈酣求名者，岂识浊醪妙理。回首叫、云飞风起。不恨古人吾不见，恨古人、不见吾狂耳。知我者，二三子。

孔子说："甚矣吾衰矣，久矣吾不复梦见周公。"孔子感叹道不行，人心不古，自己也久不曾梦见周公。稼轩直接将这句话搬了过来，既在哀叹当今的世道人心，又在感慨自己日益衰朽。

金戈铁马之志，终究只在梦想的土壤中存活。激昂万里的平戎策，而今只换得孤身只影独失落。一路走过，一些人相识了，一些人离别了，一些人疏远了，一些人零落了。如今细想，知交又剩下几个？

人的一生，就是不断的错过与过错。走到人生的边缘上，回首往昔，发现不离不弃的是烛光下自己的影子和头上空垂三千丈的白发。唯有它们见证着自己的半生蹉跎，一世悲凉。

看穿了，人间万事徒留一笑而已。在这个世界上，到底有什么东西，能让人真正心生欢喜？想年少时祖父"登高望远，指画江山"时为他种下的种子，让他一路风尘告别故土前去南方，那时候"能令公喜"的是夺回半壁江山。江河奔向海洋，但不是每一滴水都能到达终点，又有多少水滴因半路上一颗石头或沙粒改变了方向？

隐居非吾志，如今我却在追求功业的路上改变了航向。

富贵非吾志，如今却在政客的编排下成为我行事的指向。

这世上还保留几分真？几分志气？

何物能令公喜？我见青山多妩媚，料青山见我应如是。就像当年的李白一样，独坐敬亭山，相看两不厌。山与人，互为知音，心有灵犀。在我眼中，青山是妩媚的；在青山眼中，我这个白发老者，也是妩媚的。因为孤独是爱寻找理解与接受而不可得，而爱也无非是对他人孤独的发现和抚慰。

想当年渊明在《停云》诗中叹"良朋悠邈，搔首延伫"，他能做的是"有酒有酒，闲饮东窗"，此时的我，正与他一样。个中的清真风味，那些沉迷于权势和名利的浊者，岂能领略到？

如当年刘邦在沛宫击筑高唱："大风起兮云飞扬，威加海内兮归故乡，安得猛士兮守四方"，这种志在天下、揽天下英才入吾彀中的英雄狂气，稼轩看见了。可谁人又能看见他的狂气？"不恨古人吾不见，恨古人、不见吾狂耳"，寂寞啊寂寞！唯英雄能惜英雄，唯圣者能知圣者，就像当年庄子在惠施坟前大哭着说，惠施啊惠施，如今你去了，谁又能和我一辩呢？

没有对手和没有知音的人，都是这个世上的独孤求败。

天下无道久矣，知我者，二三子。

这疾风骤雨式的呐喊，终以"知我者，二三子"落下帷幕。人生路途快到终点的时候，就算二三个知心的人，也终会在某个岔路口，丢失彼此。

人在穷途末路的时候，在面对着不可解不能解的命运的时候，在极其孤独的时候，都会发问。在一个中秋夜，酒吃得有点多了，见前人多写月、送月，稼轩半是因为孤独，半是因为技痒，便模仿屈原的"天问体"，作《木兰花慢》，以问月。

木兰花慢

可怜今夕月，向何处，去悠悠？是别有人间，那边才见，光影东头？是天外。空汗漫，但长风浩浩送中秋？飞镜无根谁系？姮娥不嫁谁留？

谓经海底问无由，恍惚使人愁。怕万里长鲸，纵横触破，玉殿琼楼。虾蟆故堪浴水，问云何玉兔解沉浮？若道都齐无恙，云何渐渐如钩？

谁人共我醉明月？在这样的一个中秋夜，无人与共，稼轩却独自对着明月，自说自问了。整篇的问月，实无屈原《天问》之精彩。

《天问》是篇奇文，喷薄的"问"，是屈原憋屈的吼声。"问"这个动词，是屈原在人生最后的流放之前反复做出的一个动作。

人的发问是有驱动的，通常有两种程序启动它：好奇和不平。

人之初，对周遭的一切都感到新鲜，因而发问。花红柳绿、喜怒哀乐，在十万个为什么中，人从褓襁中站立，变得胸有成竹，从容沉默。

人生中途，挫折失意时也会发问："缘何不曾金榜题名？因何尚未洞房花烛？为什么是我？为什么这样对我？"毕生追求、一世功名、万代富贵，都在这惊慌失措的问中。

至于得意时分，大约已经忘形，想不到问，亦无需问。更因坚信幸运天定，不必问，问了，恐惊醒好梦。

屈原问了，在壮志难酬、前途未卜的当口。势如破竹，源源不断。

他问天地之源头："遂古之初，谁传道之？上下未形，何由考之？"

他问日月之明灭："明明时何为？"

他问四季之周而复始："何所冬暖？何所夏寒？"

他问青天和星辰，还有河流的蜿蜒东流："九州安错？川谷何洿？东流不溢，孰知其故？"

这些是对自然的叩问。是自烦恼丛生的命运中投向宇宙尽头的切齿拷问。天地浑生，起源不可考，屈原像原始初民一样问天问地，是因为对痛楚人生难以解脱。

他也问神。

他问女娲的灵气："女娲有体，孰制匠之？"

他问女岐的神异："女岐无合，夫焉取九子？"

屈原问了一百七十余个问题，也不过问了两件事：空间的天地、时间的历史，从自然到人。

屈原的问，其实全部是回答。

是对历史政治的正邪、善恶、成败、兴亡的全部认识和回答。

因他憎恨楚国幽暗的政治现实，也希望君主能举贤任能，接受历史教训，重新治理好国家。他的问，是对楚国政治清明的殷殷盼望。

屈原所有的问，都在问两个字：无常。

天地自然是无常的；神灵是无常的；人类历史是无常的。最无常的还是自己的遭遇：他的每项拷问都回到了现实。

那么，稼轩问月，意欲何为？留待读者细细品味。

嬉笑怒骂皆文章

　　天生的英雄气质决定了他不可能彻头彻尾地遁入虚空，强悍的生命力使他执着于世事，无法获得真正的超脱，他内心深处的矛盾时时在交战。为了让心灵安顿下来，他或寄情山水，或逃向佛禅，或醉中麻醉，或寻远古的知音和二三知己。

　　但这些还不够。

　　他只能再寻找适合他的方式。他用一种嬉笑怒骂的方式来调谐，或抒满腔幽愤，或发牢骚不平，或遣无限悲痛，以此寻求自宽自解。

　　宗白华先生曾说过世间有两种人生态度，一种是悲剧式的，一种是幽默式的。

　　悲剧式的人生态度，为了超越个人的生命价值而挣扎，会毁灭了生命以殉这种超生命的价值。

　　幽默式的人生态度，"则以广博的智慧照烛宇宙间的复杂关系，以深挚的同情了解人生内部的矛盾冲突。在伟大处发现它的狭小，在狭小里却也看到它的深厚，在圆满里发现它的缺憾，但在缺憾里也找出它的意义，于是以一种拈花微笑的态度同情一切；以一种超越的笑、了解的笑、惘然的笑，包容一切以超脱一切"。

　　他们以高的角度测量那"煊赫伟大"的，则认为它不过如此；以深的角

度窥探"平凡渺小"的，则发现它里面未尝没有宝藏。

稼轩有幽默的天分，在他的笔下，嬉笑怒骂皆成文章。

看透了"煊赫伟大"的实质，发现它不过如此。千种风流，万种豪情，最后都会被雨打风吹去。作为一个过来人，他深有体会。他有资格对那些慨然谈功名的懵懂少年，谈谈他的人生体验。

鹧鸪天
有客慨然谈功名，因追念少年时事，戏作

壮岁旌旗拥万夫。锦襜突骑渡江初。燕兵夜娖银胡䩮，汉箭朝飞金仆姑。

追往事，叹今吾。春风不染白髭须。都将万字平戎策，换得东家种树书。

谈起那段"少年时事"，他就像换了一个人！历史一幕幕的面影在他眼中鲜活地跳动：想当年，协助耿京指挥着千军万马，旌旗指处，所向披靡，那是何等快意！最难忘的是，他率领五十骑兵潜入五万之众的金兵营垒，生擒叛徒张安国，然后飞身上马风驰电掣，经过密集的箭雨，直渡长江而去。

回到了现实当中，他立马变得神色凝重。回到南宋，本想大展身手，实现恢复中原、统一山河的抱负，谁料想，年华徒然流逝，胡须斑白，却一事无成。一生心血凝结而成的"万字平戎策"，换来的不是"腰佩黄金印"，不是"沙场秋点兵"，而是"东家种树书"，他成了山园种树的闲人。

年轻人啊，你看看我，为功名所误，万字平戎策，只换得东家种树书和一把花白的胡须。这话里的失望和苦涩，都溢出纸外了。辛弃疾就是要告诉这个慨然谈功名者这些吗？

不，你要看清楚，他说这是"戏作"，这是他的幽默。

在消解崇高之际，在冷眼看穿之际，你要看到他一双冷眼之下闪烁的热情。虽然是冷眼看穿，到底是热肠挂住。

幽默者在渺小里也能寻找到它的意义，在缺憾中力求寻找圆满，然后以一颗包容的心，接纳它，赋予它意义。他们能看清这个世界的荒谬，看清了，不是感到恶心，而是慈悲一笑。

眼看着自己成了除草种地的老农，成了剖竹为瓦的工匠，在除草添瓦的过程中，他竟然又迸出了一段幽默。

卜算子

千古李将军，夺得胡儿马。李蔡为人在下中，却是封侯者。

芸草去陈根，觅竹添新瓦。万一朝家举力田，舍我其谁也。

他首先为我们呈现了这个世界的荒谬：

李广是千古名将，身手不凡。一次兵败受伤被俘，两名匈奴骑兵并排用网兜着他在两马中间行进。他先是装死，眯眼窥见旁边有少年骑着一匹骏马，走了十里多地，他突然从网里腾空跳起，推下少年骑手，抢来骏马和弓箭，飞驰而去。数百匈奴骑兵追捕他，却被他射杀而逃脱。如此好的身手，又曾身经百战，杀敌无数，可就是立不了功、封不了侯。

他的堂弟李蔡为人能力只是下中等，却晋爵封侯，官至宰相。

辛弃疾说到这里不说了，不说自己像李广一样，是天赋雄才，有胆有识，有智有勇。也不说自己像李广一样，英雄迟暮，依然无法立功，无法实现恢复中原之梦。

他漫不经心地说自己除草，锄得很认真，他要去掉那些草的陈根。又说自己到处在找竹子，好给自己的窝添几片新瓦。

你看吧，多么荒谬，多么不公。

只是他依旧没有怨愤，他说拯救天下、一统江山没有我的份，可我还有用。万一朝廷选拔种田的能手高人，那可是舍我没有第二个！

"舍我其谁"，是孟子心目中一个真正儒者的宽广胸襟和无畏担当，而稼轩巧妙地将这种崇高与伟大化解了。他的"舍我其谁"不是治国平天下，而是用来种田。他分明是在说大材小用，汗血盐车。

这真是一个颠倒的世界。

可是诞生在这个荒谬的世界上，人唯一的职责是活下去，是意识到自己的生活，自己的反抗，自己的自由。我们无力选择结局，却能选择通向阳光的那一条路。

有了这种倔强而达观的胸襟，就能挺过最漫长的黑夜。

不可动摇的苟安政治大气候，平庸又争权夺利的官场小环境，决定了辛弃疾的命运。

但一个人的性格也不可忽视。

一个人的性格决定他的际遇。如果你喜欢保持你的性格，那么，你就无权拒绝你的际遇。

辛弃疾的人生际遇，在某种程度上，也与他的个性气质相关。从辛弃疾的个性气质及才干看，豪迈而尚气，精明而能任大事是其特点。成大事者，往往不拘小节，这也是人之常情。

因为不拘小节，他不肯俯仰随人。他的果敢刚毅，使得他在南宋朝政中备受攻讦。每遇非常之时，南宋朝廷总会想到稼轩此非常之才。而常时则因其豪气果敢，颇感难以驾驭。因大醇而不顾小疵的行事理念，让他时时处处给政敌留下把柄。

对他自己的个性缺憾，他也意识到了。但他依然是"宁作我，岂其卿"。对朝中那些一团和气没有骨头的和事佬，他忍不住要嘲讽几句。

千年调

蔗庵小阁名曰卮言，作此词以嘲之

卮酒向人时，和气先倾倒。最要然然可可，万事称好。滑稽坐上，更对鸱夷笑。寒与热，总随人，甘国老。

少年使酒，出口人嫌拗。此个和合道理，近日方晓。学人言语，未会十分巧。看他们，得人怜，秦吉了。

卮是圆形酒器，酒倒满之后向一边倾斜而出。稼轩由卮而生发联想，把卮想象成圆滑世故之人。

后见人就弯腰鞠躬，和和气气，遇事从来不持异议，都是附和说"然"说"可"；它从来不得罪人，就像《世说新语》里的司马徽，万事都说好。遇到圆乎乎的酒壶滑稽、鸱夷，更是如遇知音，相视而笑；又像那草药甘国老，调寒调热都行，随人愿就好。

他处处在写酒器，也处处在写某种人。

下片对比写我。他说自己打年轻的时候起，喝酒后就爱使性子，爱说直话，好顶撞人，出口总是让人讨嫌，直到今天才明白和事佬的窍门。尽管如此，他还是没学会阿谀奉承。瞧瞧那些学人说话的秦吉了，总是那么讨人喜欢。

此词表面上是调侃酒后，实际上是讽刺当时的官场风气，那些独立不倚、刚正不阿、正直敢言之士总是受排挤，遭冷落，而那些趋炎附势、唯唯诺诺、阿谀奉承者，却受青睐，受重用。

憋屈得太久，他还是忍不住发出了愤激之音。

对自己的剖析，还没有停息。他一边嘲人，一边自嘲。在送别茂嘉十二弟时，他对自己的姓——"辛"字忽发奇想，赋词一首。

永遇乐
戏赋辛字送十二弟赴调

烈日秋霜，忠肝义胆，千载家谱。得姓何年，细参辛字，一笑君听取。艰辛做就，悲辛滋味，总是辛酸辛苦。更十分，向人辛辣，椒桂捣残堪吐。

世间应有，芳甘浓美，不到吾家门户。比著儿曹，累累却有，金印光垂组。付君此事，从今直上，休忆对床风雨。但赢得，靴纹绉面，记余戏语。

起笔千钧，风雷隐隐。骨子里面的尚武精神和报国传统，让他一提到这点，便豪气四溢。

正如他自己所说的，"辛"即辛辣、辛酸、辛苦。

先看辛辣。他说我们辛家世世代代，始终保持着对国家民族的赤胆忠心，刚毅耿直的性格就像夏天的烈日和秋天的明霜一样鲜明。烈日、秋霜、忠肝、义胆，字字明亮，字字藏着"辣"。

再看辛酸、辛苦。仔细考察一下这个辛字，我发现它是艰辛做就的，它暗示我们注定逃不开辛苦辛酸的命运。再加上那辛辣的脾气个性，像胡椒桂皮那样，注定难合一般人的口味，让人必欲吐之而后快。

这也是他本人的写照。他在金国沦陷区里长大，种族歧视和国破家亡的耻辱自幼伴随着他，他的内心是悲辛的；壮岁拥旗，举义南归，为回归中原立下了大功，南归之后却仕宦辗转，欲有所建树却被人弹劾，壮年投置闲散，一闲就是十年，可谓艰辛；虽有报国之志、复国之才，却在那个软懦苟且的大环境里显得分外不合时宜，他那归正人的身份让他始终招人怀疑，难受重用，可谓辛酸；南归之初，辗转于江淮两河之地，几年之内，频频调动十几次，招之即来，挥之即去，可谓辛苦；而那刚毅耿介、不随波逐流、随人俯仰的个性和辛辣的脾气，让别人对他吐之而后快。

辛的反面是"芳甘浓美"，但这样的好事从不进我们辛家大门。

醇酒妇人之类的世间乐事，不会进我们家的门。和那些锦衣玉食，金印光垂组的荣华富贵比起来，我们自有自己的光荣。今后，你只管尽心去做一番事业，也不要总是牵挂我。不过呢，你要知道，官场也不是你想象的，一不小心，它就会扭曲了我们辛家人的本性。

到那时，你再回忆我今天的一番戏说，就能感觉到其中别有滋味。

九 三仕三已

辛弃疾曾总结过自己的人生经历，他称之为"三仕三已"。

南归初二十年的仕宦辗转，可谓"一仕"；淳熙九年（1182）秋，因弹劾退归上饶带湖，可谓"一已"。

绍熙三年（1192）春，辛弃疾结束了近十年的带湖退居生活，重新走入仕途，可谓"二仕"；庆元元年（1195）冬，又因弹劾退隐瓢泉，可谓"二已"。

嘉泰三年（1203）年夏，辛弃疾起知绍兴府兼浙东安抚使，就此结束了近九年的瓢泉退隐生活，可谓"三仕"；开禧元年（1205）年秋，结束了短短三年的二度起复，他再次归隐铅山，可谓"三已"。

三年的起复中，世道还是那个世道，人心还是那个人心，就连对付他的手段与方式，与前二次相比也没有变化。可他是怀着怎样的热望与不甘，在垂暮之年，在已近 65 岁的年龄，又重新走上了仕途，卷入朝政的旋涡当中。

他以为北伐的时机真的快要成熟了，虽然他在内心里知道北伐之事决非一蹴而就；他以为以韩侂胄为首的朝政大臣是真心以国计为念，欲建立不世之功，"深仇积愤在逆胡，不用追思灞亭夜"，放下前嫌与旧怨，他凛然前去；他以为只要秉持公心、忠肝、义胆，率先垂范，定能堵住悠悠众口，还乾坤一片清明；他以为，此身已老，属于自己的时日和机会真正不多，若不乘此时机奋力一搏，轰轰烈烈地活过，就是到死，也难瞑目。

太多的以为，让人振奋，也让人迷惑。

那不曾实现的理想和不曾到过的远方，对我们永远是一种诱惑。不是诱惑于美丽，便是诱惑于传说。即使远方的风景，并不尽如人意，我们依然选择犯下这个错，怀着希望前往。

人啊，谁又能真正掌握自己的人生呢？在某种程度上，是人生在掌握我。它蒙着脸向我招手，我就懵懂地跟过去。因为看不清它的表情，所以我不知道前方到底是缘是劫。

但不经历一番，谁人又能甘心？

就这样，辛弃疾踏上了他的"三仕"之路。

老去行藏与愿违

闲退在家九年，一朝又被起复，看起来偶然，背后实有缘由。

在起复任命下来之前，以韩侂胄为中心的朝政风向已经在悄然更换。由韩侂胄一手发起的"党禁"也稍稍弛缓。凡与党禁有关、意在恢复的久困之人，也被列入计划起废进用的行列。辛弃疾便是其中之一。

为什么会有这样的变化？因为权势熏天的韩侂胄，隐隐感觉到一种危机。一则是他失去了后宫的有力支持，他的上位便是依靠两个女人：一个是宁宗的曾祖母圣太后吴氏，为其姨母；一个是皇后韩氏，是其侄孙女。这两个人先后死去，而新立的皇后，恰好又是他当初竭力反对的人；二是因为庆元党禁，引发士大夫舆论。尽管在高压之下，他们不敢有所造次，但那股潜滋暗长的暗流却有着巨大的冲击力，一旦爆发，其力量不可小视。在宋朝这个朋党盛行的特殊朝代，党派之变翻云覆雨，谁能确定风会朝哪个方向吹？

韩侂胄感觉到，他要收买人心，要站稳阵脚。若不然，恐怕是死无葬身之地了。他想来想去，觉得现在既能让他顺应民心，又能让他建立"盖世功名"的事，只有一件：那便是自南宋偏安以来，一直没有停息过的呼声——北伐。

北伐之事，对韩侂胄而言，是出自私欲。但忽视这个隐藏在背后的私心，若能实现，也是大功德一件。在私欲和公心交杂的即将到来的"北伐"中，又有多少人像辛弃疾一样，怀着初心，期待着奇迹真的来临。

何况，当时金国也确实进入了多事之秋。外有迅速崛起于北方的蒙古对它虎视眈眈，内有灾荒连连、起义不断，内外交困之下，曾经强悍的金国已显露出它的衰败之机。这让一直以来苟且偷安的南宋君臣和人民，看到了某种希望。

谁能真正地让自己的人生按照既定的规划一步一步走？谁又能真正扼住命运的咽喉？

不经历过山重水复疑无路的绝望和寻寻觅觅，又怎能体会到柳暗花明又一村的惊喜和豁然开朗？

怀揣着几分不确定，几分不安，几分憧憬，1203 年夏，辛弃疾还是走上了前往浙东安抚使任所的路。他不知道前方等待他的到底会是什么，他也不能确定自己此去到底是为了什么，但有一点是肯定的，他绝不是为了富贵权力。

他一再表明自己的心迹：

> 吾衰矣，须富贵何时？富贵是危机。
>
> 富贵非吾事，归与白鸥盟。
>
> 富贵非吾愿，皇皇乎欲何之？

他可以不把荣华富贵放在眼里，但他放不下心中的那点"欲望"，那个从少年时代起便深植在他心中的恢复之梦。这个梦想之光，哪怕在闲退的日子里黯淡下去了，但从没有真正地熄灭。一有机会，它便会重新燃烧起来。

一个无欲无求，什么想法也没有的人，可以始终保持着自己的硬骨头，可以始终按照自己的想法去生活。壁立千仞，无欲则刚。一向刚强的辛弃疾，偏偏过不去这个坎。所以，对他的再度出仕，很多人表示不理解。对他为韩侂胄大唱赞歌，很多人表示不可思议。因为，就是这个韩侂胄，是庆元党禁的一手制造者，而受牵连的恰是与辛弃疾交好的赵汝愚、朱熹等辈。

对周围的非议和不解，辛弃疾也曾痛苦犹豫。

但他知道，呼唤他此去的最强烈的声音是"北伐"！当友人劝他慎重考虑，并说"国且自伐，何以伐人"时，他依然放下个人恩怨，单车就道，毅

然赴任!

此时他种种矛盾、种种纠结的心境，有一首词表露无遗。虽然这首词是他已经到任后的追思之作，却很真实地道出了他就任前后的心境：

瑞鹧鸪
京口病中起登连沧观偶成

声名少日畏人知。老去行藏与愿违。山草旧曾呼远志，故人今又寄当归。

何人可觅安心法，有客来观杜德机。却笑使君那得似，清江万顷白鸥飞。

从"老去行藏与愿违"一句中，可以感知他对此次复出，是心有矛盾的。退隐九年，本以为就此终了一生，做一个与世无争的高人和隐者，活得自由一点，任性一点，恬淡一点，这样不也很好吗？

就像山草那味药，处则为远志，出则为小草。没发芽破土时，叫它远志；一旦长出来了，便呼名为小草。一个退处自守的名士，是远志；一个跻身庙堂的俗人，便是小草。你又何苦甘当小草呢？故交旧朋也纷纷劝他，并给他寄来一味药，名叫"当归"。

可是我真能归吗？

欲归不能，欲出不成。谁人可以帮我寻得一个安心的良方？

就在这种矛盾的心态中，且走且看。一路风尘，他来到了绍兴任上。

木落江冷秋风亭

从铅山赴绍兴府，常山是必经之途。辛弃疾于嘉泰三年（1203）夏到达任所，经过常山时，正值五月农忙时节。

江浙一带，是典型的江南风光。而水又是这江南灵秀当中，不可或缺的主角。自到浙江，他的心中、笔下都氤氲着水汽。

退居带湖和瓢泉时期，信州的淳朴民风民情和田园风光曾给他很多安慰，也让他接触到一个与以前完全不同的世界。当他经过江南的乡村时，江南农村特有的风光又唤起了他内心对乡村田园的熟悉味道和亲切感动。他信手写下了这首词：

浣溪沙

常山道中

北陇田高踏水频，西溪禾早已尝新。隔墙沽酒煮纤鳞。

忽有微凉何处雨，更无留影霎时云。卖瓜声过竹边村。

这首词纯用白描，带着一股来自乡土的爽气。与稼轩的豪气词相比，它别具风味。这股子爽气或许也是此时他心境的写照吧。久居瓢泉，一朝出山，一个未知的世界等着他去探索，心情自是不同。

五月，该是小满前后。江南地区，在这个时节有"小满动三车，忙得不知他"的俗语。意思是小满前后，农民得动水车、油车和丝车了。这个时候，稻田正需要水，人们要忙着插秧了，所以他看到了农民忙着踏水车抽水的忙碌情形。西溪种的早稻已经收割，可以尝新了。就着新鲜的稻米，劳累了一天的农人们隔墙沽酒，再煮上新鲜的来自水田间的小鱼，对自己一天的辛劳进行犒赏。

江南还有一句俗语"小满不满，干断田坎"，所以五月的江南，也是多雨的，这样才能保证农人一年的风调雨顺。行走在乡间道中，看着农人忙忙碌碌的情形，稼轩的心情颇为愉快。这时忽然起了一阵凉风，洒下了一片急雨。在人还没有来得及回过神时，雨已消失得无影无踪。

雨过天晴，隐隐地，从远处竹林边，传来了声声卖瓜声。

好一幅四海升平、闲适自得的农家景象。这在当时也许并不是事实，却是稼轩和世人心中的理想境况。

在骨感的现实面前，有理想之光抚慰，也是好的。

到了绍兴知府任上后，他又恢复了那个果敢任事的稼轩形象。

农事、政事、军事，他兢兢业业地操办着。为减轻赋税，惠养元元，他又提出改革盐税的措施。这个被北伐理想鼓动着的老人，此时依旧在政事上忙碌着。

公事之余，他自然不会忘了在这个充满历史感的城市中登山临水，一抒怀抱。他来到蓬莱阁。此阁就在郡衙设厅的卧龙山下，相传是吴越王钱镠所建。阁的对面正是秦望山，因秦始皇南巡时曾在此登山观海，祭大禹，故名。

汉宫春
会稽蓬莱阁怀古

秦望山头，看乱云急雨，倒立江湖。不知云者为雨，雨者云乎？长空万里，被西风变灭须史。回首听月明天籁，人间万窍号呼。

谁向若耶溪上，倩美人西去，麋鹿姑苏？至今故国人望，一舸归欤。岁云暮矣，问何不鼓瑟吹竽？君不见王亭谢馆，冷烟寒树啼乌！

这首词上片写蓬莱阁的翻云覆雨，此为实写；下片写历史的翻云覆雨，此为虚写。在自然与人世的翻云覆雨中，流露出兴亡无常的淡淡哀愁与一丝难以察觉的冀望和企盼。

站在蓬莱阁上，向秦望山头望去。但见乌云翻滚，暴雨如注，给人一种翻江倒海般的感觉。一时烟雨茫茫一片，分不清哪个是云，哪个是雨。开篇乱云急雨的气势摄人心魄。只是飘风不终朝，聚雨不终日，顷刻间，刚才的狂风暴雨"被西风变灭须臾"，雨收云散，万里晴空。至夜间，但闻西风在天空中呼啸而过，一轮明月高悬于苍穹，大地上无数的洞穴中发出的呼号声，在西风中吹送。

从雨至到雨收，从白日到黑夜，变化瞬息，让人在感叹造化的神奇之余，也不由得将目光投向了人世的阴晴变幻中。

想当年浣纱于若耶溪上的西施，曾在这里飘然西去，为越王灭吴献出了自己的青春。是她助越王将吴宫夷陵为麋鹿来游的荆棘之地，至今这里的人仍在盼着她扁舟归来的身影。功成身退，携红颜江湖泛舟，范蠡的一生引来多少人羡慕。男儿能做到这样，也算是功德圆满了。

稼轩不提钱镠，不提勾践，不提大禹，虽然这些个历史都在他心中。他偏偏提起了范蠡，功成身退的范蠡，既建有不世之功勋，又功成不居，潇洒地选择在功成之后全身而退。这的确值得人称羡。多少人叫着功成身退，事实上功无成，而身也不甘退。做人能做成范蠡，夫复何求？

羡慕归羡慕，两相对比，自己是壮志难酬，功名无成，不由得让人分外伤感。天色已晚，时日无多，何不鼓瑟吹竽，且以喜乐，且以永日。人最要紧的是把握当下，过好今日，只有今天是真实的。君不见，旧日里辉煌一时的王亭谢馆，如今踪影全无，只余冷烟寒树啼乌。

刚刚兴起的一点豪情与希望，在冷烟寒树的萧瑟中渐渐冷却，取而代之的是兴亡无常的虚无。

待绍兴政通人和之际，稼轩便建起了一座秋风亭。人过留名，雁过留声，既然在这里曾洒下自己的心血，又怎能让它无踪无影、默默消散于风中？为什

么要建秋风亭？他的答案是："宾客往来馆寓之地，当必有高人胜士如宋玉、张翰者来游其间，游目骋怀，幸为我留，其毋遽起悲吟思归之兴云？"

原来，是为抒怀乡之念。他又想家了。

汉武帝巡行河东时作有《秋风辞》，他说："秋风起兮白云飞，草木黄落兮雁南归……"辛弃疾将亭命名为"秋风亭"，不知是否有怀想武帝功业的深意呢？

汉宫春
会稽秋风亭观雨

亭上秋风，记去年袅袅，曾到吾庐。山河举目虽异，风景非殊。功成者去，觉团扇、便与人疏。吹不断，斜阳依旧，茫茫禹迹都无。

千古茂陵词在，甚风流章句，解拟相如。只今木落江冷，眇眇愁余。故人书报，莫因循、忘却莼鲈。谁念我，新凉灯火，一编太史公书。

屈原在湘江边曾吟唱过："袅袅兮秋风，洞庭波兮木叶下"，开千古秋思之首。稼轩说这亭上的秋风，去年袅袅曾到吾庐。去年的这个时候，他人还在瓢泉的家中。

东晋时南渡士大夫常到新亭聚游宴饮，周侯中坐而叹，说："风景不殊，正自有山河之异。"一行人皆相视流泪。稼轩来到秋风亭上，看风景依旧，但山河有异。有人说，这里的山河有异，是指国家山河破碎。我认为这同时也是实指，这里与瓢泉比起来，也是山河有异啊。

四时之序，成功者去。秋天到了，凉风夺炎热，扇子也完成了它的使命，要"弃捐箧笥中，恩情中道绝"了。秋风中，夕阳西下，当年大禹治水的遗迹已茫茫不见，无处寻觅了。据《史记·夏本纪》载，舜、禹时，洪水滔天，大禹与众决九川而致四海，天下为治。大禹即帝位后，东巡狩，至会稽而崩，至今绍兴会稽山有禹陵、禹庙。秋扇见捐，正如大禹虽拯救神州陆沉，如今茫茫禹迹依然全无，稼轩在这里担心的是什么？是和自己一样的英雄人物都难以逃脱如秋扇或大禹一样被弃的命运吗？要么是人为地被抛弃，要么是被历史的洪流无情淹没。这样一想，功名事业，又能值什么呢？

汉武帝传颂千古的风流辞章《秋风辞》，可以与司马相如的辞赋媲美，他为大汉帝国创下的丰功伟业，又有何人能及？正当我"俱怀逸兴壮思飞"之际，看着眼前的木落江冷，秋风萧瑟，又想起屈原那句"目眇眇兮愁予"。张翰在西风起时，起了莼鲈之思，遂辞官归乡。故人也来信告诉我"莫因循、忘却莼鲈"，谁承想在这清凉的秋夜，我正在异乡挑灯夜读太史公书。

他很想家，很想那个已经被他视为故乡的瓢泉，可如今心在瓢泉，身却在江浙。

人啊，总是这样充满矛盾。身在江湖之时，他满怀庙堂之思；如今身在庙堂了，他偏又充满了江湖之意。

这个时候的稼轩，心里有时也会动摇，也有纠结。他本来是抱着北伐之梦才起复的，如今却仍在浙东消耗着光阴，这似乎和他出山的初衷有一定的差距。

很快，他的这种失落感便消失了。

这年年末，他被召赴临安。大约是北伐在即，朝中请他回去筹谋北伐事宜。

听到这个消息，稼轩颇感兴奋，就连八十多岁的陆游也写了一首长长的诗，为他送行。诗中为稼轩的大材小用抱不平，认为他只要有机会一展身手，便足以雄视历史上的英豪了。他一方面写信叮嘱稼轩不可轻率从事，以免被谗佞小人钻了空子，一方面又要他不计前嫌和个人恩怨，当以北伐为重，与韩侂胄精诚合作。

陆游家在浙江山阴，在浙江为官的辛弃疾对这个老英雄仰慕已久，乘此机会前去拜会。两人一见倾心，他居然想为陆游筑舍，被陆游婉言谢绝。得知稼轩将去临安，北伐已提上日程，陆游以朋友兼长者的身份，送去了自己特别的祝福。

看看陆游的一生，走近陆游的内心，你便发现，他与稼轩成为忘年之交，不是偶然，而是必然。

梁启超说陆游是"亘古男儿一放翁"。

在他85年的生命历程里，在坎坷疲惫的平常生活里，他始终怀抱着英雄

梦想，风吹雨打未曾放弃，闲庭信步未曾忘却，直至生命的最后一刻，他念念不忘的仍然是："王师北定中原日，家祭无忘告乃翁。"

所谓的亘古男儿，不在于他喊过什么慷慨激昂的调子，也不在于他曾立下什么赫赫战功，而是他秉持一颗光复河山的初心，风雨不改其诚。在于他心中有信仰，哪怕生如蚁，也不曾匍匐，梦想的翅膀带他飞翔，活得那么美。

他有一个英雄梦，是他疲惫生活中不灭的信仰。

他一生都在做着上马击狂胡，为国平燕赵的英雄梦！

二十九岁时，他参加进士考试，省试中成绩优异，被取为第一，但仅仅因为名次排在秦桧之孙秦埙的前面，就硬被放在了最末一位，连主考官也险遭处分。第二年，他勉强参加了礼部试，也是名列前茅，但又因"喜论恢复"被秦桧强行黜落。直到秦桧死后，他才得以出仕；而这时，他已经三十四岁了。

四十二岁时因"力主张浚用兵"，被罢隆兴通判职。

五十二岁时，因北伐主张无法实现而常藉诗酒抒泄郁懑，被指"不拘礼法，恃酒颓放"，罢四川制置使参议官职。

王炎戍边，陆游有幸入幕，积极建言献策，这是他离自己从军梦想最近的一次，却不到半年，因王炎被召还京师而梦想破灭；他骑着一匹瘦驴，和着剑门微雨，不甘心地问着自己和命运："此身合是诗人未？"

六十六岁时，他把抗金情志形诸歌咏，被人以"嘲咏风月"的罪名罢严州知州职。

此后他一直退居家乡山阴，直至八十五岁去世。八十二岁时，因力举韩侂胄"开禧北伐"，几乎被起用，却因韩对形势的估计不足很快失败而告终。

一生失意，却从未失志。晚年退居家乡山阴长达20年的时间里，他在拥抱生活，拥抱自然的同时，仍一直将北伐的梦想之火深埋在心底，从未熄灭。"夜阑卧听风吹雨，铁马冰河入梦来"，直至临死之际，他想的仍然是："死去元知万事空，但悲不见九州同。"

这是个需要英雄的时代，却又是一个英雄过剩的年代！

他一辈子最不想做一个诗人，一辈子想做另一个自己。每个人心中都有做另一个自己的冲动和隐秘愿望，但不是每个人都能把人生过成自己喜欢的样

子。英雄的激情在他心中烈烈燃烧，指点江山的巨手却只能端起小酒杯，啜饮着无边的落寞。

同样的梦，同样的境遇，同样的落寞，同样在这个需要英雄却又英雄过剩的时代里，他们二人的相识相知是必然，也是历史的幸运。

满眼风光北固楼

　　嘉泰四年（1204）正月，宋宁宗在临安召见辛弃疾，当他问稼轩可不可以对金开战时，稼轩说："金必乱必亡，愿付之元老大臣，务为仓猝可以应变之计。"

　　他的意思是，金国必亡，这是不可置疑的事。但陛下要把这事交给元老大臣来做，一定要认真做好应变的准备。

　　宁宗和韩侂胄只听见了金必亡，他们想当然地认为只要对金用兵，便可获胜。但稼轩话中有话。他是说金必亡，但不是一发动北伐便可稳操胜券，需从长计议；他说愿付之元老大臣，实际上是指那些年岁比韩大、资历比韩老的有名望、有德操的人，其中包括他自己。他还强调要从长计议，做好充分准备，一旦最佳时机到来，便迅速采取行动。而不是在没有充分准备的情形下贸然进击。

　　虽然有种种不睦，但在北伐之计已骑虎难下的情势下，朝廷还是委派辛弃疾前往镇江知府任。

　　镇江是宋金交战的前线，地理位置极其重要。来到这里的辛弃疾，觉得离他的收复梦想越来越近了，也是最近的一次。被梦想重新唤醒的豪情在他心中激荡，他兴奋而又激动地做着准备，觉得终于有机会实现自己怀想一生、追求一生、也为之痛苦一生的梦了。

这个时候的他，登山则情满于山，观海则意溢于海。

镇江的江山都见证了他的踌躇满志，见证了他欲建悠悠万世功的雄健气魄，他的用世之心昭然若揭。

写于这个时期的诗词，也一反往日的静气或哀伤，重新变得雄浑宏阔起来。

他在镇江府的郡治守衙署位于北固山的半山腰。郡中有尘表亭，意为高尘出世。

一日黄昏时分，他独上尘表亭，举目四望，感慨万分。

"凡登高致思，则神交古人，穷乎遐迩，系乎忧乐。"一登上高处，伤春、悲秋、盼归、思乡、忧国、怀古，种种情绪，纷至沓来。借着这些锦绣诗句，我们看到了历史上一个个或黯然神伤或高亢激昂的身影。

生查子

题京口郡治尘表亭

悠悠万世功，砣砣当年苦。鱼自入深渊，人自居平土。

红日又西沉，白浪长东去。不是望金山，我自思量禹。

这时稼轩身影很高大，很雄壮。

近代诗词批评家顾随说，"红日又西沉，白浪长东去"十个大字，便觉阮嗣宗之登广武原尚逊其雄浑，陈伯玉之登幽州台尚逊其悍鸷也。

现代词学家吴则虞说，此词气魄之伟，抱负之大，有天地悠悠，上下千古之概，在稼轩词中为压卷之作。

通过赞古人之功业抒自己之怀抱，是登临怀古诗的惯用手法。登上尘表亭，他想到的是大禹。大禹"伤先人鲧功之不成受诛，乃劳身焦处，居外十三年，过家门不敢入……以开九州，通九道，陂九泽，度九山"，使"鱼自入深渊，人自居平土"，立下万世不朽之功。这个功劳，是以他的"砣砣当年苦"换来的。稼轩以禹的万世之功激励自己，激励身边人的士气，又以"当年苦"勉励自己不畏艰难险阻，他知道任何成功都来之不易，其间必有难以

言喻的辛酸辛苦。但英雄和庸人的分界，也从这个阻碍处见分晓。

他是在为自己即将遇到险阻而鼓气，也在为自己即将建立万世之功而自励。

红日西沉，白浪东去，年复一年，日复一日。江河万古如斯，不废长流。太阳东升西落，亘古长存。置身于山河日月的宏阔之中，人或是感叹自身的渺小，宇宙的永恒，或是胸胆开张，逸兴遄飞。这要取决于观者当时的心境。此时的稼轩是豪情满怀的，是充满憧憬的，所以他忍不住点题："不是望金山，我自思量禹。"我来这里并不是游山玩水，而是来凭吊大禹的功绩的。

言外之意，不言而喻。

王之涣曾说过，欲穷千里目，更上一层楼。

尘表亭在北固山半山腰，山顶则有北固亭。

登上了山顶的北固亭，他又写下了这首《南乡子》——真正震烁今古的一首词。

南乡子
登京口北固亭有怀

何处望神州。满眼风光北固楼。千古兴亡多少事，悠悠。不尽长江滚滚流。

年少万兜鍪。坐断东南战未休。天下英雄谁敌手。曹刘。生子当如孙仲谋。

"何处望神州？"这样的起句好得没法说，气魄大，直白，引人遐想。何谓神州？为什么要望神州？在哪里望？望什么？一连串的疑问。此时南宋与金以淮河为界，划江而治。站在长江之滨的北固楼上，遥望中原，却早已是风景不殊、江山易主。何处望神州，实为无处望神州。而让神州归一，不正是他此去前来的目的吗？

接句也好——"满眼风光北固楼"。站在北固楼上放眼望去，北固山的壮丽景色尽收眼底。千古多少兴亡事？无限江山，瞬间易主，昨日属于你的千里

江山明日变成了他人的脚下之土。兴亡尽头，时光留不住，只有斜阳映着暮草，只有悠悠不尽的长江水滚滚东流。

在历史的洪流中溯游而上，他把目光定格在"千古风流人物"——孙权身上。他年少当政，统帅大军，独霸东南，终使天下三分有其吴。即使在曹刘面前，也毫不逊色。曹操当年也曾说："生子当如孙仲谋。"

接下来，诗人不用再去絮叨，我们已经心领神会。难道这就是诗人要望的神州吗？不，人的局限性在这里告诉了他，他无法穿透江山和岁月的阻隔，望到他心目中的"神州"。那么，他心目中原来是有一个"神州"的么？

虽说是看惯了千古兴亡，却依然架不住无数次痛心于神州沉沦。逝者已矣，烽烟散尽，再美的江山也唤不醒英雄归来！他望向历史，望向英雄，也望向未来。

未来，这个"神州"正等着他或像他一样的英雄去创造！

从大禹的平水之功，到再造"神州"的恢宏大梦，他的胸怀是足以包举宇内，抗衡今古了。

在镇江任上，他大量派谍报人员去搜集金国的真实情报。

他是个真正的军人，也有着真正的将才，知道两军交战，要"知己知彼"，才能"百战不殆"。何况北伐这个时机，是他经高、孝、光、宁四朝才等来的一个机会，不说"百战"，此生恐怕也只有这一战了，这让他不得不慎重。

收集的情报越多，越准确，他越感觉不能急功近利，仓促发兵。而以韩侂胄为首的朝臣们，听信不实之人的妄言虚语，觉得伐金不但可以即日开战，也可以克日成功。在一片立刻开战的盲目乐观中，他一人力荐要慎重，要等待时机开战。忠言逆耳，沉醉在私欲和狂妄当中的急功近利者怎么听得进他的犯颜直谏？

在他们这帮人眼中，辛弃疾简直就是一个难以管教，处处格格不入的刺头！

裂痕一直都在，从宁宗召对时便开始了。只是，他们都不愿意正视。

直到这时，它越来越大了。

在这种处境下，辛弃疾又感受到了来自方方面面的有形的、无形的重重压力。他那颗被热望和兴奋鼓荡着的心，也慢慢开始下坠，下坠。

他再次来到了北固亭，对着满眼风光北固楼，他流露了胸中的豪情，也流露出他无力回天、势单力薄的隐忧和无奈。

永遇乐
京口北固亭怀古

千古江山，英雄无觅，孙仲谋处。舞榭歌台，风流总被，雨打风吹去。斜阳草树，寻常巷陌，人道寄奴曾住。想当年金戈铁马，气吞万里如虎。

元嘉草草，封狼居胥，赢得仓皇北顾。四十三年，望中犹记，烽火扬州路。可堪回首，佛狸祠下，一片神鸦社鼓。凭谁问，廉颇老矣，尚能饭否？

他登上京口北固亭，想到了三国时击败曹操定都南京的英雄人物孙仲谋，只可惜，孙仲谋的风流余韵，早被雨打风吹去。想到了在京口起兵讨伐桓玄、平定叛乱的刘裕，他率军北伐，驰骋中原，气吞胡虏。历史的长卷，在他眼前徐徐打开。刘裕的儿子刘义隆，不能继承父业，听信王玄谟的北伐之策，想像霍去病一样封狼居胥，却只落得仓皇北顾。光荣、梦想与耻辱交织的历史场景，在他心中猎猎作响。想到了四十三年前，自己也在战火弥漫的扬州路抗金。到如今，自己已成了老人，而壮志依然难酬。

放眼望去，瓜步山上，佛狸祠中，拓跋焘大败刘宋后那祭神的鼓声还在耳边回响。可如今南宋百姓居然在这个异族入侵者的行宫里顶礼膜拜，历史的耻辱化为眼下旺盛的香火锣鼓，叫人不能不感到背脊发凉。人怎么这么快就忘记了刻骨的耻辱与仇恨呢？

如果不想重蹈历史的覆辙，只有领兵北伐了。但北伐之将如此重要，不可不慎重。自己多想像廉颇一样，身虽老，心尚健，依然驰骋在为国效力的沙场。

整首词气势雄浑而又苍凉。既有气吞万里收复中原的希望，又有现实中英

雄难觅的失望；既有以英雄自许的自信，也有对朝廷所用非人的郁闷；既有烽火扬州路的历史警示，又有怕北伐失败赢得仓皇北顾的隐忧。

深沉的历史感和悲剧意识交织着高昂的英雄梦与不死的热情。

一个梦要做多久才能醒，一个夙愿要经历多久才能放弃？也许只有死，才能阻断他内心梦想与现实之间的距离。只要活着一天，他无时无刻不在受着煎熬。

我无法看透历史，看透命运，也无法看透英雄。这个胸中有百万兵的诗人，最终在政治的泥淖里越陷越深，越来越小。他只能眼睁睁看着衰老进入自己的躯体，将自己吞没。他只是历史祭台上的一个牺牲品罢了。

凭谁问：廉颇老矣，尚能饭否？

可等待他的是：英雄途穷！

叶公岂是真好龙

1205 年，辛弃疾与以韩侂胄为首的朝政要人之间的裂痕越来越大了。

三月，有人弹劾他举人不当，被连降两级。

六月，他从镇江这个重要的北伐前线任上被调回隆兴府。而这个时候，辛弃疾担任镇江知府才一年，北伐准备工作才刚刚开始，南宋朝廷也正在下令给前线各地驻军，让他们秘密制订进攻计划。

此次被调回，似在预料之中。因为他与韩侂胄之间对是否仓促北伐本来就意见不统一。对韩而言，他还有更大的私心。他一方面希望利用辛弃疾这种元老大臣的名望，一方面又怕他会抢功。私心作祟，他是不会真正重用辛弃疾的。

君子谋国，而小人谋身。谋国者，先忧天下；谋己者，先利自身。

尽管辛弃疾身上有种种不拘小节之处，但他称得上君子。自始至终，他谋的是国之恢复与统一。可南宋的朝堂上，有太多先利自身的小人。君子和小人，迟早会分道扬镳。

小人最精于权谋。中国古代的历史太长，权谋太深，内幕太厚。在精于算计的权谋和烟雾重重的内幕之下，受伤的总是那些有着赤胆忠心的君子。

武夫杀人，血溅五步。纵然百千人伏尸，却最终仍是以命偿。但权谋杀人，上下嘴唇一动，便可白骨盈野，烽火万里。

辛弃疾最终要倒在他们的权谋之下。

那些会察言观色的人，早已替韩侂胄想好了弹劾的理由。他们以"好色、贪财、淫刑、聚敛"为名，再次弹劾辛弃疾。贪、酷这几样罪名对辛弃疾来说，早也不新鲜了，这是小人惯用的伎俩。可悲的是，六十六岁的他，已近年迈，还要担上一个"贪色"的罪名。而这个罪名，他的好友朱熹也有过。

他们想不出更好的弹劾理由，偏偏就是这种黔驴技穷的理由，在君子身上屡试不爽。

没想到，九年之后重登仕途，他依然陷在如泥淖般的政治泥塘里，动弹不得。

他不是贪恋富贵之人，他也曾想过退出，在秋风起时，莼鲈之思也曾萦绕在他的心头，但他始终对朝廷、对人性还抱着丝丝幻想。即使要离开，也是自己主动走，而不是像现在这个样子，被人以莫须有的罪名弹劾落职。

在别人眼中，他是灰溜溜地走的。

如果他早知道，这次复出依然会是以同样的方式被人算计，他又何苦让污水向自己的身上泼了又泼？不复出，至少还可以保留他的一身清白，维护他最后的一点尊严。

开禧元年（1205）秋，复出不到三年的辛弃疾，再次启程欲回铅山瓢泉。

回家的途中，行舟到余干（今江西余干县，位于鄱阳湖南岸），江上风大，日日吹头。辛弃疾此时心情很差，人也十分憔悴，他难以抑制心中的激愤，遂作《瑞鹧鸪》。

瑞鹧鸪
乙丑奉祠归，舟次余干赋

江头日日打头风，憔悴归来邴曼容。郑贾正应求死鼠，叶公岂是好真龙？

孰居无事陪犀首，未办求封遇万松。却笑千年曹孟德，梦中相对也龙钟。

此次他是乘船回去的，坐船最怕的是逆风，也就是打头风，可他此行偏偏是"江头日日打头风"。糟糕恶劣的天气有如他身处的恶劣政治处境，在这种情形下，人哪能有什么好心情。

他说自己就像憔悴的郑曼容，郑曼容非常注意自己的品格节操，不愿当高官，如果官职超过六百石的报酬，他便会自动辞职。郑曼容选择的是自动辞官，而他是被弹劾回家。他如此固执地以郑曼容自比，只能说明他对加在自己身上的罪名根本不承认。既然罪名不成立，此次回归，意味着他看透了一帮权臣玩弄的政治把戏，懒得再和他们玩下去了。与其充当他们的棋子，让他们左右自己的命运，进退不由自己，不如自己走人，至少还保存了尊严和自由。

在他看来，这帮政客的行径可用两句话来概括："郑贾正应求死鼠，叶公岂是好真龙。"它包含了两个典故。前者指春秋战国时的郑国商人，郑国人把没有雕琢的玉称为璞，而周国人把没有风干的老鼠称为"朴"。有一个周国人拿着一只死老鼠到郑国商人那，问他要买"朴"吗？郑国商人以为他说的是玉，当他看到周国人拿出的是一只死老鼠时，吓得连连摇头。

叶公是一个非常喜欢龙的人，他家里的衣服、酒杯以及房屋上，处处刻着龙纹。真龙知道这事后，便从天上来到他家里。叶公看到了真龙，吓得魂飞魄散，转身就跑。对辛弃疾而言，韩侂胄之流就是那郑国的商人，好龙的叶公，他们不能赏识真正的美玉和人才，对像他这样的美玉和人才，根本不会重用，反而是害怕和排斥。

历史上，当权者个个叹息"人才难得"，然而真有人才脱颖而出时，却没有几个能识货。

"孰居无事陪犀首"，犀首即公孙衍，战国时魏国人。陈轸出使秦国，经过梁时特地来拜见犀首，他问犀首为什么如此爱喝酒，犀首回答说："因为无事可做。"辛弃疾用此典是说自己不能做无聊的文人、权贵的闲客，去陪他们饮酒，作他们装点门面的工具或任意摆布的棋子。

"未办求封遇万松"，用张绍典。张绍与刘崇计划讨伐王莽，结果失败。失败后张绍自行前去找王莽，极尽谄媚阿谀之能事，让王大悦。结果他不但没被治罪，反而受赏受封。长安当时流行这样一句话："欲求封，过张伯松；力战斗，不如巧为奏。"辛弃疾用此典是说明自己无阿谀奉迎之本事，更不会放

下斯文和尊严去攀附权贵。在那样的朝代里，越尸位素餐，越庸俗的人越能得到当权者的赏识。

等到这群硕鼠把王朝掏空了，当权者才又想到"人才"，这几乎是历史上各个朝代不可避免的规律。所以即使是雄才大略如曹操者，恐怕在这个时候也会无能为力了。这个时候，自己只能与曹操在梦中相会，两个龙钟老人相对无语，唯有一笑，便莫逆于心了。

他以自嘲的笑结束了，我分明看得见他笑中的无奈和眼泪。

他真的失望了，他失望的不是人，而是人性。

无论在哪个帝王的朝堂里，卑污的人性总会让那帮政客想到对付他的伎俩。这些手段并不高明，却屡试不爽。

他想回家了。

一个人选择了独处，往往是出于对人性的透彻了解或失望。

且趁新凉秋水去

走在离开京口的途中，这三年内所经历的一切，仿佛就在眼前：

自起复以来，他屡次遣谍至金，侦察其兵骑之数、屯戍之地、将帅之姓名、帑廪之位置等，并欲于沿边招募兵丁以应敌。

至镇江任上后，先制战士衣服以备用。这年三月，他读了宋高宗《亲征草诏》后，为其作跋："使此诏出于绍兴之初，可以无事仇之大耻。使此诏行于隆兴之后，可以卒不世之大功。今此诏与此虏犹俱存也，悲夫。"

在他看来，绍兴之初，是大好时机；隆兴之后，也是一个时机。却独独不提开禧，他对这次北伐一直是持保留意见的。他是那样盼望这个机会的到来，为这个机会，他挣扎了一辈子，争取了一辈子，等待了一辈子。如今，机会就在眼前了，离自己不远了，他又变得特别慎重。

因为，越是来之不易的东西，越是要学会珍惜。要么不出击，要么一击而中，没有第二次机会。

而他的这种珍惜，这种谨慎，却成为别人眼中的患得患失，也成为阻碍他人急欲邀名建功的绊脚石。也许在那个时候，他就知道了，自己应该回去。此次复出，是不是一个错误？

1205 年，他领了个"提举冲佑观"的闲职，第三次被放逐回家。

行至京口仙人矶，正是夕阳西下时分。断送一生憔悴，只消几个黄昏。望着落日夕照下的历历远树，他思绪纷纷。

玉楼春
乙丑京口奉祠西归，将至仙人矶
江头一带斜阳树，总是六朝人住处。悠悠兴废不关心，惟有沙洲双白鹭。
仙人矶下多风雨，好卸征帆留不住。直须抖擞尽尘埃，却趁新凉秋水去。

仙人矶在金陵。孙吴时，此处是建业都城外围重要的军事据点之一。晋太康元年，王浚自益州沿长江顺流而下，直逼石头城，攻陷东吴。刘禹锡那首著名的《西塞山怀古》吟咏的便是这段历史。后来它又见证了六朝的兴衰。

站在仙人矶上，想着这里曾是六朝风流的集散地，思古之悠情油然而生。

如今，夕阳空自映照着江树，六朝的繁华早已如云烟消逝。沙洲白鹭双双飞起，它们何曾理会人世间的悠悠万事、兴衰浮沉？

仙人矶下多风雨，权力与富贵的所在，便是箭靶所在。哪一片征帆又能长久留驻，都不过是匆匆过客。不如乘着新凉时节，秋水不兴，抖落一身尘埃，早早起程而去。

抖落名利场上的万丈红尘，落得一身清净，全身而退。

"直须抖擞尽尘埃，却趁新凉秋水去"，此时的稼轩早已化作江水夕照下的那一叶征帆，抖落一身的倦怠与尘埃，向着家的方向疾驰而去。

从现在起，我开始谨慎地选择我的生活，我不再轻易让自己迷失在各种诱惑里。我心中已经听到来自远方的呼唤，再不需要回过头去关心身后的种种是非与议论。我已无暇顾及过去，我要向前走。

他是真的放下了吗？
我还是不能相信。
遥遥从古射来一支失意的毒箭，毫不怜惜地击中了他的心脏。
还有多少人会死于梦想？

十　烈士暮年

　　开禧二年（1206）南宋发起了北伐，当烽烟在淮河沿线燃起的时候，我们并没有看到那个渴望着"气吞万里如虎"的辛弃疾的身影。

　　他正在千里之外的后方，在江西铅山县的瓢泉边上。

　　他"偶向停云堂上坐"，又"期思溪上日千回"，在表面的悠游风光中，掩饰自己内心的苍凉。他知道，这个时候，他应该属于战场。虽然战场不需要他，他却为自己的无能为力感到羞愧。

　　这个羞愧，来自于他自己的内心。外人给不得，也没有资本让他羞愧，应该羞愧的恰恰是他们自己。

　　朝局乱象纷纷，政客为救火将他拨来弄去，还有一日盛似一日的衰老与疾病的侵袭，他感到深深厌倦了。

　　树欲静而风不止。欲求心安，却终是难安。

他以为死去，一切都会成空。正如陆游所说的一样"死去元知万事空"，可在临死的那一刻，他仍和陆游一样"但悲不见九州同"。

生前事，身后名，都随着他闭上眼睛的那一刻，化作虚无。

可是，云空未必空。他不知道，在他去世之后，一切并没有盖棺定论。只是荣也好，辱也好，再与他无关了。唯有他留下的诗词，如亘古不灭之光，照进每个人的心房。

又回到了瓢泉边上。

此年他已六十七岁，年近古稀。他知道，从事实上讲，他已经无法真正踏进他向往的战场了。南归四十多年来，一直梦寐以求的那个战场，他始终没有迈进去。他只能在心中凭吊那个年少的意凭陵、雄万夫、驰骋沙场的自己了。

苍凉的心境已难复往日的温度。

衰老的躯体已装不下奔腾不息的心。

那么，能做些什么呢？只能在山水和默想反省中，消磨自己的光阴。就连诗词，也写得大不如从前勤了。

我试着寻找他在 1206 年里留下的诗词，却少得可怜。我想从诗词中揣摸他的心境，呼吸着他的呼吸，却感觉这种寻找有些力不从心。只能从为数不多的诗词中，寻找他的身影。

停云堂的每一处风景、每一只鹤，停云堂下的每一条路、每一个路过的人，他原本都熟悉。他们知道他又受伤了，每个人都显得那么体贴，那么善解人意。

临江仙

停云偶作

偶向停云堂上坐，晓猿夜鹤警猜。主人何事太尘埃？低头还说向："被召又还来。"

多谢北山山下老，殷勤一语佳哉：借君竹杖与芒鞋，径须从此去，深入白云堆。

或许是年事已高，身心俱疲，停云堂他去得少了，毕竟停云堂在半山腰处。一日，他偶尔兴起，又来到停云堂小坐。早上的猿和夜间的鹤都显得特别机警，看着主人一副意兴索然的样子，不由得问他："主人何事太尘埃？"你是因何事惹得一身尘埃，一身憔悴呢？这个样子，让人看了心疼。

这个"警"字用得好。一是他来得少了，太久没见，突然出现，让它们有种猝不及防的感觉；二是他根本不应该在这里呀。三年前复出时，它们曾一起依依道别，而那时稼轩，走得虽有些犹豫，但目光里透出的灼灼热情，让它们以为他不会再回来了。

看主人一副心灰意冷、不欲言语的样子，它们乖乖地不再发问，只是低头小声说着："莫非是被召去又回来了？"猿鹤的猜测和议论，在稼轩听来，没有嘲讽的意味，只有真心的关切。可他却忍不住自嘲起来，借猿鹤之口自嘲了一番。

在停云堂上消磨了近一天的光阴，黄昏时分，他不得不下山了。山下碰到一个老者，老者惊讶于他的归来，只一瞬间，这种惊讶便变作了体贴和殷勤。他知道这个时候稼轩要的不是一番"早知如此，何必当初"的大道理，也不是一番不着边际的安慰。乡民是朴实的，他没有多说，只对稼轩说了一句："借君竹杖与芒鞋，径须从此去，深入白云堆。"我借你竹杖与芒鞋吧，你直接从这里一直往上走，走到深深的白云堆里。

白云堆，其实是白云乡，是闲适隐逸的代名词。

这个老人是一个智者，虽然他的智慧来自于直觉。他对稼轩没有同情，只有理解。

对一个真正的英雄来说，他需要理解更甚于无谓的同情。

与停云堂比起来，期思溪走起来很容易。

"期思溪上日千回"，这话恐怕有点夸张了，一日走上一千回，真不知道这个老头像没了魂似的在这里转悠什么。到底是心中难平呀。

瑞鹧鸪

期思溪上日千回，樟木桥边酒数杯。人影不随流水去。醉颜重带少年来。

疏蝉响涩林逾静，冷蝶飞轻菊半开。不是长卿终慢世，只缘多病又无才。

他每天来到期思溪边，走过那座樟木架的桥，寻一处僻静的地方，带上随身背的酒壶，就那样自饮自酌。看着水中自己颓唐的倒影，一副想说又不愿说的样子。溪水缓缓流淌着，带走了时光，带走了枯枝败叶，还有几瓣不知名的野花。而自己的影子始终在那里，与自己对饮对坐。寂寞呀寂寞，酒只能往深里喝，醉里喝。醉后的容颜，仿佛当日的那个青葱少年。

在无可阻挡的衰朽残年中，他是多么渴望回到青春年少的时光。那时候，虽然一无所有，但有梦想、有激情，便足够了。现在仿佛什么都有了，却早已没有梦想和激情，这真是人生的缺憾。

该是夏末秋初的日子吧。

鸣叫了一夏的蝉收了声，偶尔有一二声在林中响起，倒越发显出山林的幽静。路边的野菊半开未开的，有几只冷蝶轻轻地飞过来。静，很静。宇宙间仿佛只有他一个闲人，在这里看着悠悠万象，看着菊花在山中开且落。

就这样虚掷时日吗？

不，我也不想这样子。

不是长卿终慢世，只缘多病又无才。司马相如用当垆卖酒的方式，向这个世界宣告着他的傲世，满腹文才淹在了俗世的酒中，多可惜，多荒谬。就像此刻的稼轩，终日消磨在酒中。不是我故意慢世，而是我多病又无才。

多病是真，无才是假，这是他的愤激语而已。

这一句"不是长卿终慢世，只缘多病又无才"，似乎又有所指。

他在辩解什么？

原来，1206 年 5 月，韩侂胄发动"开禧北伐"失败后，朝廷又给他封官请他出山，他谢绝了。

北伐一开始，南宋军队马上呈现出溃败之势，情形正如辛弃疾所预料的那样。用南宋人自己的话来说，此战是"一出涂地，不可收拾：百年教养之兵，一日而溃；百年葺治之器，一日而散；百年公私之盖藏，一日而空；百年中原之人心，一日而失矣"。意思是，一出兵作战，马上输得一塌糊涂。一百年来训练供养着的军队，一天就溃散了；一百年来修理打造的器械，一天就消失了；一百年来公家私人储藏的物资，一天就全报废了；一百年来中原老百姓的人心，也在一天之内丧失殆尽。

这一败，恰好印证了辛弃疾战前总是说不容盲目乐观、要好好图谋、否则失败的预言。这个时候，韩侂胄想起了辛弃疾早在北伐前提出的四条建议，条条都是切中肯綮之言。这四条建议是：

第一招兵要择。重文抑武的政策一直贯穿南北两宋，宋军的军士质量实在堪忧。且不说军士的来源良莠不齐，就是在军中的士兵，也长期懒于练兵。这些兵，站不成行，一听说打仗，早吓得不知所措。名为骑兵，却不能披甲上马；名为射手，箭却在敌军马前一二十步就已坠地。这样一支毫无士气的军队，又谈何战斗力？

第二屯兵要分。要建立一支专供北伐的强军，与原来的官兵分开驻扎，以免染上怯敌、争功的习气。

第三军势要张。北伐军士要分别驻扎在淮东淮西两处，且家属随地安置，以稳军心，以张军势。

第四谍候要明。就是准确了解敌方情报，做到知己知彼，方能百战不殆。

他说得样样在理，样样有据，因为他本来是将种出身，而非韩侂胄之流的文官带兵。但他的建议，韩一条也没有采纳。

失败了，韩才想起重新搬出这个料事如神又懂兵法的辛弃疾来救急。北伐

即已开动，韩已是骑虎难下，在惨败的情形下，他必须先收拾这个残局以挽回自己的声名和权势。

于是朝廷又差辛弃疾知绍兴府，两浙东路安抚使。辛弃疾辞了。

韩侂胄加大拉拢的力度，于1206年9月，又给辛弃疾加官晋爵，甚至封其为"男爵"。

他觉得自己能搞定了，怕别人争功抢功了，厌倦了别人妨碍他急欲邀功的私心了，便一脚将辛弃疾踢开。情况危急了，自己搞不定了，需要人救火了，便忘记刚刚所做的一切，急急抛去橄榄枝。

这样如泥塘般的朝局，这样如污泥般的人性，辛弃疾实在是感到心寒。

这个一向被人招之即来、挥之即去的辛弃疾，终于不干了。他选择了拒绝。

他拒绝的不是某个人，他忌惮的也不是某个人，而是人性，还有无法更改的政治现状。

在政客的天平上，衡量一切的只有利益，没有情义。只有私心，没有公义。

对不起，我不陪你们玩了。

这样势必又招来种种非议，辛弃疾感到有些烦心。本来他以为自己可以不为任何误解所动，终于还是忍不住说了句"不是长卿终慢世，只缘多病又无才"，算是给世人一个辩解，一个交代。

其实，我倒希望他从没有辩解过。

深觉昨非今日是

几次三番拒绝，朝廷的任命不依不饶。

又命他知江陵府，令赴临安奏事。

而渐入老境的辛弃疾，却在这场纷扰中，越来越看清了世相，也看清了人生的本质，看透了名利的虚妄。

1206 年 9 月，他写诗一首，乞告老，乞朝廷还他一方清净。诗中说：

> 渐识空虚不二门，扫除诸幻绝根尘。
>
> 此心自拟终成佛，许事从今只任真。
>
> 有我故应还起灭，无求何自别冤亲。
>
> 西山病叟支离甚，欲向君王乞此身。

在这个红尘道场的修行中，在"三仕三已"的浮沉中，他终于渐渐领会了佛法所说的"色不异空，空不异色"的不二法门。

佛教认为，色是指一切物质构成的有情世界，空是指万般有情世界的无定性、无自性。世间万物皆非实在，一切事物的本质是虚空的，暂时的。大千世界，看似有形有色，有体有相，其本质只是一个"空"。只是"空"看不见，也摸不着，必须假借外物，假借"色"方能呈现。

看透了"空"的本质，扫除欲望的种种幻象，断绝俗世之尘根，那么，有我和无我又有何差别？有与无都在起灭变化之中，不必执着；亲和疏，远和近又有什么差别？只要没有欲求，一切于我心无异。

从今以往，我只想按照自己的本性活着，请体恤我这个老朽衰弱者的心声吧。

他的这番说辞，打动了我们，却没有打动朝廷。

1206年11月，金兵的前锋已经抵达长江北岸。本想伐金却反被金伐，苟安的江山社稷已面临危险。在这个危急时刻，韩侂胄再顾不上什么面子，强行请辛弃疾出山。万般无奈、推无可推之际，辛弃疾于1207年春又去了临安。朝廷与之商议和议之计，还任他为兵部侍郎，明为升职，实是想扣留辛弃疾在京城。

可辛弃疾的身体实在是不行了。

1207年夏天，他又回到了铅山。八月，患大疾。

病中的他，知道自己已经走到了生命的边缘，前尘昨梦，如露如电。感慨之际，他强撑病体写下了这首词：

洞仙歌
丁卯八月病中作

贤愚相去，算其间能几。差以毫厘谬千里。细思量义利，舜跖之分。孳孳者、等是鸡鸣而起。

味甘终易坏，岁晚还知，君子之交淡如水。一饷聚飞蚊，其响如雷。深自觉、昨非今是。羡安乐窝中泰和汤，更剧饮，无过半醺而已。

这个时候他思考的不是民族大业、社会关怀，而是个体人生的问题：贤与愚，义与利，尧舜与盗跖，区别究竟有多大？能否换个角度、换种眼光来评价人的贤愚，事的义利？贤愚、义利是绝对的还是相对的，能否相互转换？

人有贤愚之分，他们中间能差多少呢？不要小看了这个区别：差之毫厘，谬以千里。仔细想想，义与利是舜与跖的分别。他们都鸡鸣即起，孜孜不倦地

做事情。但为善的就是舜的徒弟，为利的就是跖的徒弟。这两种人我们一定要分清楚。

醴的味道甘甜，但它很容易变坏；水无色无味，就能长久保持本色不变。我到了老年才知道这个道理：君子交朋友淡如水，小人交朋友甘如醴。小人喻于利，所以一旦有利，他们便蜂拥而上。就像吃一餐饭的时候，马上会聚集一大批飞蚊，它们的响声如雷。

君子于事必辨其是非，小人于事必计其利害。回想自己的这次起复，如果能明辨韩之私心，能看透真正的是非曲直，也不会因为北伐之心不死而差点失了晚节。对一帮遇事首先计较其利害的人，还能抱什么期望呢？

如此一想，他深深觉得昨日之非，这个道理，他今天才算想明白。

淳熙八年（1181），朱熹曾请陆九渊来白鹿洞书院，讲"君子喻于义，小人喻于利"这个论题。此刻回想其精辟宏论，辛弃疾深悔自己见机之迟。

日常生活中人们都追求美味和刺激，到老方知，君子之交淡如水，平平淡淡才是真。即使喝酒，也是微醉半醺为佳。真羡慕能在安乐窝里喝着泰和汤的人，即使剧饮也不会醉。

等到风景都看透，才真正懂得细水长流的妙处与滋味。

也许正是这场病，给了稼轩"静"下来思考人生的契机。

病中之静，有点禅意，有点悲欣交集。从某种意义上说，病，给人提供了悟静的因缘际遇。敏慧之人，才力丰赡之人，总能从中提炼出人生真味。

杭州虎跑寺的碑上刻着苏东坡的诗，上面有两句："因病得闲殊不恶，安心是药更无方。"

"非淡泊无以明志，非宁静无以致远。"生活于扰攘的尘世中人不易做到或体会到，一场病，却让他参透了玄机。

"我认为，接近死亡的成熟阶段非常可爱。越接近死亡，我越觉得，我好像是经历了一段很长的历程，最后见到陆地，我乘坐的船就要在我的故乡的港口靠岸了。"

不知怎么地，读完这首词，我脑子里不断浮现一个美国人说过的这句话。

经历了颠沛、毁誉、疾病种种无故加之的人生磨难后，辛弃疾淬炼得更为

精纯、淡定，有一种停止了向周围世界呼告诉求的大器。傲气仍然有，只是不再那样咄咄逼人。他退回到世界的一角，观庭前花开花落，随天外云卷云舒。

　　这人生中难得的"静"境，愿他好好享受。

死去元知万事空

可是他并不能一直这样平静下去。

开禧三年（1207）九月初，朝廷再次征召辛弃疾出征。

因为宋金议和过程中，金提出了极为苛刻的条件，要南宋朝廷提韩侂胄的脑袋去方肯罢休。韩一气之下，又想与金打下去。这一次他委任辛弃疾为"枢密院都承旨"，这是南宋最高军事机关的重要职务，负责传达皇帝的命令，通管枢密院各个部门的事务，权力非常大。

这是第一次，辛弃疾距离成为运筹帷幄、决胜千里的将军的理想如此近。

可惜，它来得太晚了。

他早已看透了，而且，他已病得很重了。即使有心，也是无力了。

他再次辞去了任命。

他离死亡越来越近了，在北伐烽火未灭之际，在貌似已经参透人生本质、获得人生静境的时刻，他走到了生命的边缘。开禧三年（1207）年九月十日，已经陷入昏迷状态的辛弃疾忽然睁开了眼睛，大喊几声"杀贼"，然后一切归于沉寂。

他终究是心有不甘，死难瞑目啊！

在死的那一刻，他想到了什么？会不会是：

醉里挑灯看剑，梦回吹角连营。八百里分麾下炙，五十弦翻塞外声。沙场秋点兵。

马作的卢飞快，弓如霹雳弦惊。了却君王天下事，赢得生前身后名。可怜白发生！

一切仿佛又回到了从前。

他不肯去睡。又摘下壁上的龙泉，抽出，烛光流在寒冷的双刃上，弹着横在眼前的青锋，隐隐能听见剑锋的吟啸。只是这颤动的鸣吟里的豪气太静了，不如我血管里的奔流不息的萧飒深浓。

你听见昨夜的秋风已把纸窗吹破。紫骝在朱楼下的嘶鸣，等待你推开门，长吁一声，纵身而去，踏破了一夜苦心的霜迹，惊起的不是尘埃，是豪情。哀叹，辛弃疾说的都是些梦话。

我原曾想，他是个万人难敌的英雄，就算是蹉跎不得志，也依然还是个一怒而猛虎寒战的人物。

南宋诗人中我一直念念不忘的两个人，一个是辛弃疾，一个就是陆游。这两个人虽有不同，但其骨头里透露出的"天下兴亡，匹夫有责"的精神，总让我有痛饮烈酒的快感。

放翁曾有诗《病起书怀》曰："病骨支离纱帽宽，孤臣万里客江干。位卑未敢忘忧国，事定犹须待阖棺。天地神灵扶庙社，京华父老望和銮。出师一表通今古，夜半挑灯更细看。"诗是淳熙三年（1176）诗人被免去参议官后写下的。诗人落职之后，移居成都城西南的浣花村，一病就是二十多天，病中挑灯夜读《出师表》，心中长志不折。其中"位卑未敢忘忧国，事定犹须待阖棺"句犹如漫漫长夜中的一盏心灯，让人热血沸腾。

这种煎熬在南宋很多词人身上都出现过，包括张孝祥和这里提到的陆游，但是，辛弃疾早年实实在在的戎马倥偬和赫赫武功与后来的寂寞无闻却使这种煎熬更具有了一种现实的深度，这种深度是一条深深的刻痕，将辛弃疾与纸上谈兵的文人们分隔开；这条刻痕也深深地刻在词人的心上，随着脸上岁月的刻痕逐渐加深，无法再抹平。

他累了，筋疲力尽，内心一片荒凉。好像慢慢地睡意爬到心中，那最后的呻吟充满了孤独和苍凉。

精钢百炼，绕于指间，临终胸中的块垒难平。只有敌人的咆哮和政客放肆的笑声扫过屋檐，惊起了严霜……鬼蜮现身于灯火，利刃刺穿了噩梦，他要死了！

喉咙撕裂，鲜血涌出心头，大风从骨头里席卷而出。

杀贼——杀贼——杀贼——

"男儿到死心如铁，看试手，补天裂"，本是他送给好友刘过的，却作了他临死前最好的注脚。

死去元知万事空，但悲不见九州同。

当陆游在临死之际留下这句诗的时候，他深深体会到稼轩彼时彼刻游走在生死边缘大呼杀贼，是一种什么样的气魄与心情。

只是，也无人再能问了。

如果泉下有知，这二位老英雄当结为来生的知己。

据说宋度宗咸淳七年（1271），谢枋得在任史馆编校时带着十几位敬佩辛弃疾的士人，在辛弃疾曾孙的带领下，来到铅山辛弃疾墓旁的僧舍，准备祭奠他。

他们一行住下后，从黄昏到夜半三更，都有一个极洪亮的呼叫声从大堂传出来，似乎在鸣不平。

谢枋得连夜起来点烛写祭文，等到天亮将这篇祭文拿到辛弃疾的坟前念。神奇的是，祭文念完后，呼叫声停止了。

祭文为辛弃疾鸣冤，辛弃疾的灵魂似乎得到了安息。

在我看来，这只是一个杜撰。一篇祭文，可以告慰他个人的不平之鸣，又怎么告慰得了他一腔冰雪为君热的收复之志？南宋的命运并没有因为他的呼告或死去而有任何改变，却只在瑟缩中身影越来越瘦，越来越伶仃。直到最后，在蒙古的刀光剑影中消失于血色的黄昏。历史上，再也没有南宋！

何计身前身后名

辛弃疾去世后的一年，即嘉定元年（1208），南宋朝局又发生了逆转。此时，辛弃疾已经看不见，听不见了，却仍然深受牵连。

开禧北伐的失败，主战派韩侂胄被史弥远和杨皇后设计杀死，献给金人，金人算是出了一口恶气。而原本支持北伐的宋宁宗，现在却声称要为赵宋基业"作家活"，开始了一场"党清运动"。这场运动以清洗韩侂胄及党羽为名，开禧年间凡支持北伐的人都被算在内。陆游八十多岁，还被冠上罪名。

朝廷恢复了秦桧的谥号。

辛弃疾追削爵秩，夺去从官恤典。家人亦受株连，自瓢泉逃匿到福建等地避难。

闹剧还没有结束。辛弃疾死后的第二十六年，宋理宗上台，又重新开展所谓的"端平更化"，在这场更化中，辛弃疾又被恢复了名誉，被赠为光禄大夫。

是荣是辱，是贤是忠，是真小人还是大英雄，全在于帝王的权宜之计翻云覆雨中。人在其中，永远只是一个被利用、被操纵的棋子。活着的时候，消耗他们的生命力和心志；死后，还要消费他们的声望和名誉。

我替辛弃疾感到不平。他一生追求的不过是一个光复中原的梦而已，何曾想在这个名利场中为自己争得无谓的一席之地。却在死后，被名利场中的人，

为了不可告人的私欲，利用来利用去。

我替辛弃疾感到幸运。如果他没有去世，如果他在活着的时候看到自己居然被目为韩党，名爵洗劫一空，家人无辜受累，他又该是怎样的心情？他说过："侂胄岂用稼轩以立功名者乎？稼轩岂肯依侂胄以求富贵者乎？"他从没有依附韩党以求富贵，却在死后被人看成与韩党是一伙。他选择的是公义，而非私心，却被两边的人都不待见。在世时，韩党目他为绊脚石；去世后，韩党的政敌又视他为韩党中坚。此间荒谬，多像当年在新旧两党中两边不是人的苏东坡！

担当身前事，何计身后名！

这铮铮铁骨的男儿如洪钟大吕般的声音，却偏偏敲不醒那些沉溺于名利场中、精于算计的小人。

辛弃疾墓端坐在瓢泉之西陈家寨阳原山腰，这一坐就是八百年。

八百年风雨沧桑啊！放眼望去，墓已斑驳陆离，字迹模糊。但依稀可见墓前仿石廊柱上郭沫若生前所题"铁板铜琶继东坡高唱大江东去，美芹悲黍冀南宋莫随鸿雁南飞"的挽联，它透射出墓主一生的坎坷与耿耿风骨……它让所有不谙跋涉之苦的凭吊者们知道，这里埋葬着一个孤独、悲怆、豪迈但永不沉沦的灵魂。

身后，关于他的评论一直没有停息过。

或是评其人，或是评其词。

对于辛弃疾其人的评价，我认为有两个人的值得看。

一是辛弃疾的学生范开，他看透了这个英雄的内心，知道他内心真正的渴望是什么。他说稼轩：

> 以一世之豪，以气节自负，以功业自许，方将敛藏其用以事清旷，果何意于歌词哉，直陶写之具耳！

这个从来不以笔杆子为意，想凭枪杆子闯出一番天地的英雄，最终却成了"词坛飞将军"。以纵横捭阖之势，横扫千军，在偎红依翠的宋词女儿国中，

屹然别立一宗，成为豪放词派的最高成就者。

他的词是无法模仿的，因为他的词来自于他的"气"，"其气之所充，蓄之所发，词自不能不尔也"。若没有他的真诚之精气，一味模仿，只会流于粗疏叫号的虚张声势中。南宋末期的江湖诗派，号称以稼轩为宗，却只学得了他的皮毛，没有他的真精神，所作也只是一个空架子而已。

这让我想到了南宋另一位英雄岳飞，看看他的《满江红》：

满江红

怒发冲冠，凭阑处、潇潇雨歇。抬望眼，仰天长啸，壮怀激烈。三十功名尘与土，八千里路云和月。莫等闲，白了少年头，空悲切。

靖康耻，犹未雪；臣子恨，何时灭？驾长车，踏破贺兰山缺。壮志饥餐胡虏肉，笑谈渴饮匈奴血。待从头，收拾旧山河，朝天阙。

这是来自民间勇武精神的愤怒，而不是朝廷肉食者的声音。

靠写文章为生的人被称为文人。他们寄身于章句中，喜怒哀乐、荣辱得失都缘起于文字，也缘灭于文字，这种人是斯文之人。

还有一种人也写文字，但是绝对不靠文字吃饭，反而是文字以其人为生。铁血将军岳飞很显然是属于后者。这阕《满江红》寄生于岳飞气贯长虹的生命中，是毫无疑问的。

与岳飞一样，辛弃疾的词也是寄生于他生命中的，从他的生命中流出来的，而不是写出来的，作出来的。他遇到什么样的生命状态，就要流出什么样的词作来。

少年时意气凭陵，心雄万夫，便有"壮岁旌旗拥万夫"的威武，有"沙场秋点兵"的帅气，有"千丈擎天手，万卷悬河口"的豪迈；

壮年时虽辗转仕途却壮心不死，便有像张良那样为帝王师，能够"万里勒燕然"的理想；有把"把吴钩看了，栏干拍遍，无人会、登临意"的孤独；有"斫去桂婆娑。人道是、清光更多"的人间情怀；有"布被秋宵梦觉"时眷恋"万里江山"的社会担当；有"青山遮不住，毕竟东流去"时不我待的焦虑。

他也有苦闷，有怨愤。他有时"半夜一声长啸，悲天地、为予窄"。有时像冯谖一样弹铗悲歌："腰间剑，聊弹铗。"有时像"落魄"的"故将军"李广，醉饮在"岁晚田间"。有时悲愤难平，派遣"酒兵压愁城"，用词"写尽胸中，块垒未全平"。

退居带湖时，他以山水为知音，管山管水管竹。他喜欢那里的山，那里的水，那里的田园和乡村，为山水立心。

无论哪个时期的词作，都是他生命状态的完美呈现。

叶嘉莹先生说，伟大的作者都是用他的生命来写作他的诗篇，用生活来实践他的诗篇。无意为词的辛弃疾，用他的生命和生活却抒写出了最好的诗篇。

另一则评价，来自与朱熹交好的项安世。他在《祭辛幼安文》中说：

人之生也能致天下之憎，则其死也必享天下之名。

他说对了。辛弃疾死后的确得享天下之名，但这个名，是词名。

在宋词的天空里，最灿烂的三颗星便是：苏轼、李清照、辛弃疾。辛弃疾与苏轼并称"苏辛"，与李清照并称"济南二安"。

词在晚唐五代兴起，至宋代繁盛以至顶峰，成功地取代了唐诗成为一代之文学，也成为偏清雅、偏自省、偏精微的宋型文化的最佳载体之一。

关天诗词的分野，有这样几个说法：

诗庄，词媚。

诗言志，词言情。

诗境阔，词境狭。

从唐诗的庄重、阔大、言志中一路走来，到了宋代，人们需要抒发胸中的幽情、婉转、感伤。黄钟大吕毕竟只是庙堂之音，慷慨激昂也只适合关西大汉，而倾诉心里那一点隐隐的哀伤，还是拿着红牙板的十七八岁女郎更合适。

于是宋代的文人士大夫纷纷拥进了宋词这座心灵的后花园。这座后花园，虽然狭窄幽深，却是人们不可或缺的一个后院。

人生需要紧绷的弓弦，也需要散漫的游丝。对于很多人来说，诗的句子太

过于整齐，不如参差不齐的长短句更能描摹出那长长短短的心绪；诗的调子过于高昂，不如小红低唱我吹箫更适合在花前月下倾诉衷肠；诗的殿堂也过于宏大，内心深处那一点小小的哀伤放在这殿堂里太过于尴尬。于是，人们需要一间小小的房间，这房间可以是优雅的书斋，也可以是脱俗的精舍，但更多还是女子的闺房。

在这个房间，也摆着纸笔，但是，纸不是写奏章用的整齐雪白的纸，而是印着暗花的薛涛笺；笔不再是写奏折时用的如椽大笔，而是写蝇头小楷的细笔，甚至是女子的眉笔。

在词这间小屋里面，士大夫们找到了另一个自我，一个步下了战车、脱去了铠甲、放下了投枪的自我。一个享受生活的精微雅致、直面内心隐秘情感、走下庙堂卸下面具的生活化的自我。

宋初的晏殊、欧阳修、王安石、范仲淹，一面为我们展示着宽袍大袖下的铁肩道义，一面让世人目睹了宋代士大夫诗酒风流的优雅。

秦观、晏几道一方面在现实的挤压下感叹着华屋山丘的无常之变和坎壈之悲，一方面在女儿国里，将一腔痴情和哀伤叙写得缠绵悱恻。

柳永以"奉旨填词"自命，混迹于青楼和市井之间，以接地气的方式走入里巷，让雅化的士大夫之词放下架子，真诚地抒写了世俗之人的爱恨痴缠。

但词在他们那里，是女儿国，是众香园。

至苏轼，他以其卓异的天才，为宋词输入新鲜的血液，"指出向上一路，新天下耳目，弄笔者始知自振"。他为宋词婉约的基因里输入了豪放的血液，拓展了词的抒写范围，扩大了词的意境。

至辛弃疾，《四库总目提要》云："其词慷慨纵横，有不可一世之概，于倚声家为变调，而异军特起，能于翦红刻翠之外，屹然别立一宗，迄今不废。"

东坡开其先导，辛弃疾则真正一变宋词的婉约阴柔为阳刚豪放，使词有了豪放派与婉约派之分，并恢复了诗言志的传统。

"苏辛"并称，因为二者同为豪放派的大家，有很多相似之处：一样拓宽了宋词的境界，在偎红依翠的柔婉中注入了抒情言志的阳刚，无意不可入，无事不可入；一样打破陈规，不受拘束，一个以诗为词，一个以文为词。但在这

一点，辛弃疾比苏东坡取材更阔大。宋代刘辰翁曾说："词至东坡，倾荡磊落。如诗如文，如天地奇观，岂与群儿雌声学语较工拙；然犹未至用经用史，牵雅颂入郑卫也。自辛稼轩前，用一语如此者，必且掩口，及稼轩横竖烂漫，乃如禅宗棒喝，头头皆是。"

如果苏东坡是"以诗为词"，辛弃疾则是经、史、子、集、诗无一不入词，在当时拘泥于缘情绮靡的宋词世界里，二者一为天地奇观，一是横竖烂漫；如果说苏东坡的词倾荡磊落，仍以抒情言志为主，辛弃疾的词则琳琅满目：言志、抒情、田园、闲适、谐谑、唱酬，无所不包，无所不有。

王国维曾说："东坡之词旷，稼轩之词豪。"东坡常以旷达的胸襟和超迈的态度来观照人生，情感从冲动归于深沉平静，近于禅悟。稼轩则以炽热的感情与崇高的理想拥抱人生，但这种理想又在现实中受到压抑与阻碍，更多表现为英雄失路之悲和壮志难酬之郁，更加入世。东坡说"用舍由时，行藏在我，袖手何妨闲处看"，稼轩说"男儿到死心如铁，看试手，补天裂"，一清旷，一雄豪；东坡说"一蓑烟雨任平生""也无风雨也无晴"，稼轩说"半夜一声长啸，悲天地，为予窄"，一达观，一执着。

王国维又说："苏、辛词中之狂，白石犹不失为狷。"优秀的词人，即所谓的"大学问"者，他们的作品是复义的，内蕴丰富，横看成岭侧成峰。他们的作品是开放的，从不会耗尽它们要说的一切，常读常新。王国维看到了苏词的旷，辛词的豪，在这则词话中又看到了两者的狂，狂、旷、豪在苏辛是一体之下的多个侧面。

狂者进取。他们任情率性，狂放不羁，他们积极进取的精神取向，波澜壮阔的内心情感，让观之者心潮不平。试看苏子"会挽雕弓如满月，西北望，射天狼"，这是欲与天齐的"狂"。"大江东去，浪淘尽，千古风流人物"，这是横扫千古的"狂"。"何日功成名遂了，还乡。醉笑陪公三万场。不用诉离觞"，这是率情任性的"狂"。再看稼轩"男儿到死心如铁，看试手，补天裂"，这是至死无悔的"狂"。"了却君王天下事，赢得生前身后名"，这是心怀天下的"狂"。"万一朝家举力田，舍我其谁也"，这是心忧黎元的"狂"。"醉里且贪欢笑，要愁那得工夫"，这是纵情任性的"狂"。

辛弃疾号幼安，李清照号易安居士，二者同为济南人，故并称为"济南二安"。

当辛弃疾出生时，李清照正在临安苦熬她憔悴的晚年。

稼轩出生时济南正处在金人的统治下，易安则在济南度过了她的童年。山东为齐鲁文化的核心圈，北方的粗犷和儒家的至厚至淳在一定程度上雕塑了他们的性格底子。所以，看似并无交集的二个人，其实也有交集之处。

稼轩对易安是颇为心折的，他曾专门"效易安体"写词；稼轩南归临安后，易安已经不在这个人世间。我在想，如果这两位词坛巨匠又兼同乡的人相见，会在历史上留下怎样电光火石的瞬间？世间没有如果，而稼轩也只能用词这种方式向他追慕的易安致敬。

易安如果在世，看到稼轩这种"横绝六合，扫空万古"的词作，会不会扫视一眼稼轩，然后说："你的词直如酌蠡水于大海，然皆句读不葺之诗尔。"她主张词"别是一家"，对稼轩这种打破诗词分野，以诗为词、以文为词的做法应该不会赞同的。

他们二人，一个是婉约派的宗主，一个是豪放派的掌门。怎么看都有一种违和感，但在这种表面的大相径庭中，仍有潜在的相似之处。

李清照的性格中有女人天生的柔婉细腻、敏感多情，也有一般女人所没有的清傲与刚性。

柔婉多情，让她在爱的世界中更像一个小女人。清傲刚性，让她超拔于流俗之上，成为一个独特的大女人。如水般的缓缓柔情和如山般的悠悠厚味，让她在两宋的天空里脱颖而出。如果没有那点点不同，她也只会是第二个魏夫人或朱淑真，或者是淹没在历史长河中的一个没有名字的女人。

少女时代便有《和张文潜诗》，直击时弊。金人南犯之初，她渴望做一个像项羽一样"生当作人杰，死亦为鬼雄"的节烈之士；暮年流落飘零，闻韩肖胄要出使金国，她依旧奉上一颗热切盼望的心。

南渡之后，她无法忘怀家国之痛，无法忘怀已逝的青春，无法与这个世界温暖相依，无法放下一切痛苦和心中的执念，在临安做一个安于生活的顺民。

所以，时间过去了，她始终过不去。

这一点放不下的执念，与稼轩何其相似！

如果说易安是柔中有刚，稼轩则是摧刚为柔。这个磊落英多、直欲推倒一时豪杰、开拓万古心胸的英雄，一生把别人的苟且活成热血，却也在失路退居中显露出他柔性的一面。

他的词寄雄豪于悲婉之中，寓博大于精细之内，行隽峭于清丽之外，将百炼刚化为绕指柔，让世人在震慑于他的"刚"之际又深深沉溺于他的"柔"当中。一味地"刚"，流于粗豪，正如一味地"柔"流于软媚，易安和稼轩异于常人之处，正在于这种刚柔相济。

十一　词坛飞将

曾国藩说："古来豪杰，吾家祖父教人，以'懦弱无刚'四字为大耻，故男儿自立必须有倔强之气。"这是曾国藩的家书，我却感觉像是写给辛弃疾的。

辛弃疾一生以南宋的"懦弱无刚"为大耻，以男儿当自立的倔强立于天地间。但他的背影太伟岸，让人高山仰止的同时感受到一种压迫感；他的梦想太宏大，大得映照出一些人灵魂中的渺小来。

为了一个注定无法实现的梦想，他竟坚持了一生。

清风吹开的史册中留下了他的赫赫大名，却永远欠他一场酣畅淋漓的战争。

他想要的马革裹尸还没有如愿，却在瓢泉的青山下埋葬了他的忠骨。

他想建的不世之勋没有实现，却在他不曾留心的词坛成为一名飞将。

他痛苦的心灵莫不是在此困境中的悲歌。

想得到的偏偏得不到，不想得到的偏偏自己来了。命运，在历史的上空，对着这个人世和挣扎在这个人世中的芸芸众生投以冷眼，和一个意味深长的笑。

他的一双孤单的巨手，始终补不了南宋天空的裂缝。

我不禁想撕开那笼罩在南宋天空上的阴云，还山河一片玉宇澄清，还稼轩一个说法。到底是什么，造就了他的困境？到底是什么，给予他如此悲情的命运？

他该有怎样丰富的内心，才能摆脱生活表面的相似，成为那个独特的自己：

凌云健笔意纵横的刚是他，一川明月照冰雪的柔是他。

困境：几人真是经纶手

"几人真是经纶手"，是辛弃疾写给北伐将领张浚的，他将一腔豪气寓于这首近乎恭维的词当中，只是想捧出自己的一颗热烈跳动而又赤诚的心，可惜，张浚受不起。

张浚不是能托载起他梦想的经纶手，南宋的君君臣臣都不是。他其实是在叹，也是在发问，在神州陆沉的时刻，到底有没有经纶天下的王者？

答案他自己知道：没有。

他的一生注定摆脱不了历史的困境，注定是一个悲剧。从他萌生收拾旧山河的初心时便已经注定。

有的人的初心惊心动魄地宏大，有的人的初心很平凡。平凡诚可贵，宏大则要颠沛一生。

只要看看他正在面临且必须克服的两个困境，便会明白其悲剧的必然性。一个困境是南宋以及整个宋朝"重文抑武""轻外安内"的政治体制，一个是他无法摆脱的让人尴尬的"归正人"身份。

以军权干政并以兵变夺权的赵匡胤太忌讳、太害怕别人以同样的方式来对付自己了。立国之初，他便以"杯酒释兵权"的方式削夺了武人的兵权，给士大夫文人以空前的待遇。自此北宋便确立了"重文抑武""安内轻外"的政

治传统。靖康之耻激起的血性并没有持续多久，君臣便在自我麻醉中苟且偷安，仍奉行"以忍耻和戎为福，以息兵忘战为常"的政治策略。

两宋时期，士大夫阶层的社会地位达到极至，由此而影响了士人文化的空前繁盛，波及诗、词、文、书、画及市民文化各个领域。他们一方面高扬道德主体、内心情操，一方面大肆提倡士人的典雅趣味。

但这种繁盛，只是在学问、在文化方面，而不是在管理方面。宋代的儒生都很好，但这些人一辈子所受的训练都是为了道德文章，而不是为了管理政府，不是为了开拓一个新局面。士大夫在享受空前的待遇之时，并未对国家做出应有的贡献，反而满足于群体的利益，徘徊在历史的困境中，不断循环历史错误。士大夫的"仁厚"没有体现在治国为政上，却凭空造就了一个皇权与官僚为了追求共同利益而变得越来越狭隘的政治模式。

他们在钳制武人的信条中惊人地保持一致，并奉行着这个信条打算一直苟安下去。一有打破，便想方设法摁下去。他们以文人领兵，宋代著名的领兵之将几乎都是科举出身，韩琦、范仲淹、张浚莫不如此。那些真正有雄才大略的武将，并没有受到应有的重视，反而会因为功劳太甚，处处招来算计。

名将狄青惨死，英雄岳飞惨死。宗泽、李纲这些北伐名将，为了自保，大修庄园，安享晚年，以向君主昭示自己的忠心。就像五代的韩熙载，为敛雄心，日日开夜宴，以此消除君臣的戒备。

绍兴十一年岳飞惨死，表面上死于奸臣秦桧，实则是借秦桧之手，南宋君臣的一场合力围歼。他们太害怕这些真正的英雄，而岳飞的惨死，象征了一个历史困境中英雄的悲剧宿命。

凡事都有偶然的凑巧，结果却是宿命的必然。

殷鉴不远，辛弃疾不是看不到，也不是听不见。他对人性和人心还抱着一丝幻想，他对自己心中的执念难以割舍。而人活在世上，如果不奋力一搏，把自己的生命炼进自己的剑中，又怎么算得上轰轰烈烈地活过？

他在重复岳飞走过的路，只是想证明自己曾经活过。

他在重复岳飞的悲剧，只是放不下心中的那个信仰。

正如死后的辛弃疾不知道的他的名爵一会儿被削、一会儿被夺一样，岳飞

的名爵在需要的时候，被高高捧在天上，被树为世人的楷模，换了一朝天子一朝臣的时候，又被狠狠地摔在地上，再狠狠地踏上几脚。

这两个军事天才，面对着微妙的政治，束手无策。不是每一个人都要理想地活着，而社会得以运转的原则是只看那些庸俗的取舍，所以英雄只和悲剧统一。

宋朝的体制本身是个你好我也好的政治结构，其中各级官员大部分都喜欢安心做个官。因此宋朝官僚机构臃肿、人心疲乏的状况，在所有朝代中最为明显。但岳飞和辛弃疾都不是一心一意做官的人，对他们来说官场是陌生的。从岳飞几次在朝廷政治中的作为，几乎可以断定，年轻的岳元帅其实是个政治手腕并不成熟的人。比如他对着高宗直言过继太子事宜，与张浚一言不合就撂挑子走人，实在是缺少斡旋的技巧。他是个军人，是一个国难临头、排空一呵、群情激昂的英雄人物。年轻的辛弃疾，以为凭着自己一心报国的公心，就可以不拘小节。却以自己的果敢刚毅，触碰了多少人的神经，最终在他们的集体算计下，一再被调动，三次被闲置。

可惜的是，这个人世间，不仅仅是伟丈夫的天下，更多的是精通权谋的聪明人，他们未必欣赏血气冲斗牛的真英雄。可惜的是，真英雄太少，而且都不是政客。

他们的悲剧，是命中注定。

我在想，当陆游的后人站在他的坟前时，他们如何面对让陆游死不瞑目的"王师北定中原日，家祭无忘告乃翁"的嘱托？王师永无北定中原的那一日，他们有何面目面对地下的先人？

我在想，当辛弃疾的后人站在他的坟前，告诉他南宋仍然在求和中苟延残喘，直到灭亡于另一个异族蒙古人的铁蹄之下时，他的灵魂是否再也找不到回家的路？

回去，再也回不去。

际遇：谁念英雄江左老

他的另一个困境是"归正人"的身份。

人的每一种身份都是一种自我绑架，唯有失去是通向自由之途。

他的这个摆脱不了的"归正人"身份，也影响了他一生的际遇。

"谁念英雄江左老，用之可以尊中国"，这是他在为别人叹息，也是在为自己叹息。英雄空老，是他一生的命运写照。

"归正人"的身份不是他能选择的，是历史犯下的错，是国家的耻辱，但承担者却是他。

他可以选择不南归，就留在金国，他会和他的朋友党怀英一样有远大前程。但故国难忘，他选择了回归。故国并没有张开双臂欢迎这个赤子，却因他祖辈曾经降金而给了他一个特殊的身份——归正人。

归正人，意味着曾经背叛、曾经不忠。它已经在回归者和当权者之间划了一个鸿沟，时隐时现。当宋金关系吃紧，朝廷需要人才时，这个沟便隐去。当宋金关系和缓，朝廷觉得归正人的功劳太大让他们心存忌讳时，这个沟便凸显。

南宋建国初期，士大夫还发出了"问罪金人，迎还二圣"的呼喊，但这种呼声，随着宋高宗支持"和议""退避"而减弱。孝宗虽欲励精图治，却因张浚北伐失败而意气萧瑟，时人强烈的抗金爱国激情一变而为愤懑压抑；到宁

宗时，女真人与北方汉人之间渐渐融合，抗金的声音越来越弱，随着韩侂胄北伐失败，只变成几声悲凉的叹息。

他的一生中，有两次北伐的机会。当张浚北伐时，他只是一个人微言轻的小吏，越级呈供给张浚的平戎策只换来"某只能受一方之命，此事恐不能主之"的冷漠回答，战争打响时，他只能在江阴远远地看着。一个"归正人"，一个小吏，怎么可能这么快就取得肉食者的信任？

第二次北伐时，六十多岁的他从退归了近十年的瓢泉重新起复。而起复他的主战派韩侂胄，在北伐的光鲜之下，既隐藏着不可告人的私欲，又缺少一个将领应有的韬略。六十多岁的辛弃疾，顶着晚节不保的风险，前来助阵，却在他们泛滥的猜忌中被当作一枚棋子，甚至再次被踢回家去。

两次离梦想最近的机会，就这样白白地流逝了。

余下的时间里，北伐的声音渐渐微弱甚至平息。当权者像鸵鸟一样把头深深埋在求和的沙砾中，虽然心中也有难过，也曾动摇过，但在金人的铁蹄下，他们那点阳刚之气瞬息即逝。此时此刻，那些主战、主北伐的声音，不是在提醒他们挽回自尊，而是在提醒他们何其懦弱。这种聒噪之音，让他们心烦。

你不是枕戈待旦，准备北伐，重拾旧山河吗？好吧，给你一个地方让你治理去。只是不是去攘外，而是去安内。平叛、治乱、救荒、缉盗，他样样干得有模有样，样样以雷厉手段收到别人做不到的效果。结果呢？因为你是一个归正人，能力太大了，不好管，也管不住。办法只有一个：频频调任，让你在一个地方无法打牢根基，刚有成效，便派往它处。

以为怀抱着一腔忠诚就一定能受待见吗？也许辛弃疾明白了，只是他不愿意相信。但现实如泥潭一般，消磨了英雄的意气，挫败了他的壮志。想腾飞，也只是扑棱了一下翅膀而已。

我们不能选择怎么生，也不能选择怎么死，却能选择怎么活。

依辛弃疾的能力，他真的可以选择活得很好，但那个北伐的魔咒迷住了他的心，他选择了知其不可而为之，活得很憋屈。

他有一双看透历史的巨眼，知道兴废成败转头即空，功名事业恍如一梦。但他没有一双看穿当下的巨眼，在当世的双重困境之下，徒耗心力，等待着早

已注定的悲情结局。

同时，一个的人性格也会影响他的际遇，如果你坚持某种性格，你就无权拒绝某种际遇。

辛弃疾那种"成大事不拘小节"的刚毅果敢与霹雳手段与南宋士大夫集团的宽忍软懦的政风士风形成鲜明对比。他的这种个性和行事风格，也为他日后九次被弹劾，两次长达近十年的退隐埋下了祸根。"贪"与"酷"两大罪名，如影子般跟随着他，而且位越高、权越重，阴影也越来越大，越跟越紧。

平定茶商叛乱，落得了"酷"名；建飞虎军，落得了"用钱如泥沙"的"贪"名；缉盗赈灾，再得"酷"名；建备安库又摊上"贪名"。最可恨，六十多岁从瓢泉起复，又加上了一个"好色"之名。

辛弃疾知道自己的个性会给他带来什么结果，而且他还是一个身份敏感的"归正人"，言未出口而祸已及踵，他了然于胸。

他曾在《千年调》中借一个小酒杯，描摹南宋士大夫中那些无所作为、阿谀奉承者的众生相。他们一团和气，唯唯诺诺，万事称好；他们圆滑处世，就像寒热随人、调和众药效的甘国老；他们学人言语，巧舌如簧，就像惹人怜爱的秦吉了。而他偏偏"出口人嫌拗"，像辛辣之物一样刺激别人的神经，最终落得被"捣烂堪吐"的地步。

他知道，但他不屑于做，也做不到。

一段不为的气节，是撑天撑地的柱石。如果他没有保留这点"方"，这点气节，这点真，他最后也不会成为辛弃疾，而是无数个俯仰随人的乡愿中的一员而已。

健笔：倚天万里须长剑

以南渡为界将辛弃疾的人生舞台分成明显不同的两个体系。

南渡前，他生活在属于齐鲁文化圈的山东，这二十多年是他个性气质和文化品格的奠基期；南渡后，他生活在江浙两湖福建安徽等江南文化圈，这四十多年对他的心灵和思想也有重要的雕塑作用。

北方的厚土深水、贞刚义气给了稼轩雄浑健朗的男儿铁骨。

南方的杏花春雨、诗意阴柔给了稼轩清丽婉约的柔软温情。

北方给了他崇尚实际、执着事功的英雄志气。

南方给了他超越功利、闲适诗意的审美气质。

两种文化的交汇融合，让他的词风丰富多彩，而内心也分外旖旎。步入他的世界里，忽而像闯入了一座庄严肃穆的庙堂，忽而像流连于明山秀水的诗意田园；时而是横扫六合、剑指八荒的古战场，时而是浅唱低吟、闲婉清丽的后花园。

凌云健笔，低回柔情，都是他。

只是在不同的形态当中，始终有一种主导的风格贯穿其中，那便是豪郁。

辛词的"健"，到底体现在何处？回顾他生活的一幕幕，回味他一首首的词作，我感觉像找到了通往他内心宫殿的那条路。

辛词的"健",不只是在他的"豪"、他的"雄"、他的"狂",这些别人早已说过。在我看来,他的健却在以下几个方面很有意味——健在它呈现出来的崇高美学风貌,健在它变动不居的动态气势,健在它扑面而来烈酒之气。

辛词以豪郁为主,"词极豪雄,而意极悲郁",英雄豪杰的志意一再在现实中被抑制,使得他的词一方面呈现极豪雄开放的上升之势,一方面又呈现出极悲郁内敛的下沉之态,两者之间形成一种极强的矛盾和张力,这种张力使得他的词呈现出一种崇高的审美风貌。

崇高是一种对立和冲突的审美体验,它是弱与强、善与恶的抗争与对垒。辛弃疾一生在那个光复大梦的激励下壮志昂扬,却一生也没有挣脱来自对立面的压制与贬抑,他无法超越历史和现实的困境,只能在孤独的抗争和坚守中彰显生命的力量和光辉。

他所写的那些英雄词,以其粗犷博大的形态,劲健强大的力量,雄伟宏壮的气势,给人以心灵的震撼。他要一把倚天万里的长剑,拨开西北的浮云;他准备袖里珍奇光五色,他年好补西天北;他叹息谁念英雄江左老,用之可以尊中国;他渴望从容帷幄去,整顿乾坤了;结果却是把吴钩看了、栏杆拍遍,无人会他登临意。英雄迟暮、廉颇已老,谁人问他尚能饭否?汗血宝马,空拉盐车,骈死槽枥,谁人来替他收埋凋于西风的骏骨?

黑格尔说:"人格的伟大和刚强只有借助矛盾对立的伟大和刚强才能衡量出来,环境的相互冲突越多、越艰巨,矛盾的破坏力越大,而心灵越能坚持自己的性格,也就越显示出主体性格的深厚和坚强,因为在否定中保持住自己,才足见出威力。"无论现实怎样灰暗,无论意绪多么沉郁,他始终抱持着梦想,在疲惫生活中将别人的苟且活成热血,而他人格的伟大和刚强,正在这种矛盾和对立的衬托中越发熠熠生光。

辛词之"健",还在于它变动不居的动态气势。这与他的英雄词呈现出的崇高风貌有内在的一致性。崇高必须在矛盾对抗中才得以存在,矛盾对抗便是"动",便是变动不居。

它的"动"是心理意识的流动。

这种意绪的流动一方面体现在其词意绪的丰富复杂上,一方面又体现在意

绪的腾挪跌宕上。他登上建康的赏心亭，激生无限"登临意"。有"落日楼头"江南游子的无边乡愁，有日暮途穷、却"无人会、登临意"的报国无门的苦闷和知音乏人的寂寞，有对求田问舍之流的鄙弃，有效季鹰归去的徘徊。家国之痛、忧谗畏讥、痛惜流年、进退失据，千头万绪，不绝如缕，裂竹之声下潜气内转，交织成一片意绪的洪流。

其词的意绪不是静止的，一直在腾挪转变当中。上一秒你还随着他的意兴在云端漫游，下一秒你便坠入无力自拔的渊底。昂扬处指向沉郁，低迷处又忽而上扬。一会儿随着他"汗血盐车无人顾，千里空收骏骨"而痛苦神伤，一会儿又在他"男儿到死心如铁，看试手、补天裂"的倔强中斗志昂扬；一会儿在寒灯明灭、饥鼠绕床的阴森中恐惧低迷，一会儿又被他展现给你的"平生塞北江南"的梦想激荡；而梦被秋宵的寒给冻醒了，你来不及哭泣，却又为他指给你的"眼前万里江山"而奔放。

被贬带湖退居，他告诉自己"甚云山自许，平生意气"，他兴冲冲地规划着他的小窝，东冈修几间茅屋，水边放一只钓舟，再种上些竹和柳，秋天吃菊花，春天佩兰花，意倦归来，逍遥余生。你别被他骗了，过不了一会，他便沉吟久，怕君恩未许，此意徘徊。

临安的元宵夜，在东风夜放花千树的绚丽声色中，他无视宝马雕鞍香满路，弱水三千，只取一瓢，众里寻他千百度，像一个别有怀抱的伤心人，在繁华喧嚣的边缘游走。你还来不及感伤，来不及叹息，便发现"那人却在灯火阑珊处"！这一刻的感篆莫名，真让人悲欣交集！

它的"动"是自然造化的生生不息，他的笔下很少有静止的意象或意境，世间万象莫不在"动"中蕴含着勃勃生机。

他眼中的山，是奔腾耸峙的。叠嶂西驰，如万马回旋。它们争先恐后地跑来与稼轩见面。他们如谢家子弟，有衣冠磊落的儒雅风采；他们如司马相如，从车骑过庭户仪态雍容；他们雄深雅健，如对文章太史公。我见青山多妩媚，料青山见我亦如是。

他眼中的树，是活泼有情的。它们时而像列队的士兵，等着他这个将军前去检阅；时而在他醉倒的时候，想去相扶，却被这个犟脾气的稼轩以手推去。

255

一松一竹是他真正的朋友，山花山鸟是他最好的兄弟。无情而有情，一片痴情，令人绝倒。你在其中看到的是他的痴与真，我在其中看到的却是宇宙万象的生生不息。

他眼中无生命无形迹的春，是可观的，它在美人头上的袅袅春幡中；是可咬的，它在"黄柑荐酒，春韭堆盘"中；是调皮的，它一会又跑到溪头的荠菜花上了。

而他的那首《浣溪沙》简直是对人、自然及人与自然交汇的生意的完美呈现。明月别枝惊飞了鹊，清风半夜听鸣蝉，蛙声一片在稻花香中说着丰年。明月、清风、稻花香，是流动的。飞鹊、鸣蝉、群蛙是动的，一切莫不在变动不居中。七八个星缀在天外，两三点雨落在山前，这无边的良月清风的夜里，可有什么在静止中？流动的生命，流动的美，在一个夜行者的眼中，也在他的心中，跳动。而他此刻也不得闲，在路转溪头处，忽然看见了旧日的茅店依旧在社林边，等待着他这个夜归人。

辛词的"健"，还在那扑面而来的烈酒气息中。

酒自古以来就与英雄相伴，实在没有什么可奇怪的。但是，你别忘了，这是在宋代。

宋代的审美趣味尚清、尚雅。茶之性淡与味长，十分贴合宋人清雅的审美趣味。品茶如参禅，茶禅本一体。品茶，是他们在尘俗凡世中一种优雅从容的姿态。

李清照与赵明诚曾"生香熏袖，活火分茶"，文同"唤人扫壁开吴画，留客文轩试越茶"，周紫芝"城居可似湖居好，诗味颇随茶味长"，就连与稼轩一样有着激烈的家国情怀的陆游，退居山阴后，也"每与同舍焚香煮茶于图书钟鼎之间"，这个老英雄，最终在茶的闲适中减轻了心中的隐痛。

可稼轩不。在他的诗词中，我很努力地嗅着茶的气息，却似有若无。而浓浓的酒气，让人中心如醉。

酒适宜烈性之人烈饮，茶适宜淡泊之人淡品。

酒浇的是胸中永不平息的块垒，茶润的是气定神闲的从容。

稼轩喝不了茶，他只能喝酒。

独饮是自欺，醺然中竟起了烈士的幻觉，震荡这胸腔节奏忐忑，依然是暮年的一片壮心。

对饮是自醉，深夜对饮，杯子碰到一起，都是梦破碎的声音。

他曾经戒过酒，我知道他戒不了。戒酒就是戒掉他的功名心，就是在心中杀死那个元气淋漓的曾经的自己。当他煞有介事地请来酒杯，郑重其事地与它约法三章时，我笑了。这是干吗呢？何苦自己为难自己？

柔情：心弥万里清如水

江北的秋风雕刻了他阳刚的线条，江南的春水滋润了他温柔的心灵。

给人以震撼的崇高与给人以安宁的优美，在他的生命中和谐共存，并在不同时期有着不同的使命。

优美是超然优雅的人生境界的呈现。此时人处在一种和谐的状态中，平和、淡远、安定，内心温软，一片柔情。

这样的状态不是稼轩的主流，但作为一个分支，在他的世界里不可忽视。

稼轩的"柔"，又有怎样的表现形式？

他的柔，不是"柔软"得化不开的、瘫下去的"柔"，是摧刚为柔，刚柔并济。

他刚拙自信，孤危一身已久。倾国无媒，入宫见妒、恐遭排挤的心情时时都有。志在恢复又屡受排挤，这种矛盾痛苦郁积于心，时而发为裂竹之音，时而化为欲吐还吞的柔软的悲愁。此时的他不是那个英雄壮士，而是一个"惜花长怕花开早，何况落红无数"的见花落泪、对月伤心的佳人，是"准拟佳期又误""千金纵买相如赋，脉脉此情谁诉"的弃妇，一片幽情，满怀闲愁，他能做的只是独倚危栏，在斜阳烟柳深处黯然神伤。

登高临远，水天无际，秋高气爽的阔大有如他的胸襟清疏刚健，然他只能

像个失意的游子，拍遍栏杆，孤愤孤独。刘郎才气、忧愁风雨的建功立业的信念忽而闪过，又瞬间消逝。刚健的英雄，此刻最想要的是"倩何人唤取，红巾翠袖，揾英雄泪"。英雄落下了泪，百炼刚最终化为绕指柔。

他的柔，是对爱的缠绵，情的珍重。

稼轩也写过一些爱情词，但他的"柔情"不只是在爱情词中。只是在爱情词中，他的秾丽纤绵，一点也不逊于秦观晏几道两个痴情种。

有离别时的痴缠难解。在送别一个叫粉卿的小妾时，他揣摸女子的心理，进入她们的内心，道出她们的心声。从别时的怨恨之重"万万千千恨，前前后后山"，到别后的牵挂之切"今夜江头树，船儿系那边"，他一一领会。这样的一个伟丈夫，写出如此柔软而婉媚的句子，真让人难以将他的英雄气质与诗人情怀统一于一体。

有离别后的刻骨相思。危楼人独倚，立尽月黄昏，纸书重来读，都是那个痴情相思的傻瓜做的傻事。但在我看来，稼轩的这种虚拟的爱情词，有时就是常用的套路，缺少一种真情在里面。倒是他实有所指的情词，写得尤为动人。

他书于东流村壁的那首情词，祭奠了他一段无果而终的艳遇。过往一夜缠绵、温柔的滋味仿若仍在唇边，尤其是记忆中的那双如"帘底纤纤月"的足，让他萦怀，有种香艳的魅惑。在只身而去空留佳人的负罪感中，又怀着一丝丝旧梦重温的渴盼，只是已经丢失了的，又岂能回到原点？在"料得明朝，尊前重见，镜里花难折"的犹疑中，他终于还是放弃了。他怀念的是那个佳人，更是那段未经世俗沾染的纯真的感情和纯真的自己。

爱情只是生命中的一部分，亲情和友情，也在他的世界里举足轻重。

他交游广，朋友多。对陈亮的惺惺相惜，他分外珍重。相聚十多日，离开以后，他心中难舍，竟骑马一路追去，直到雪深路滑实难行，才怅怅恋恋而返。

族弟辛茂嘉要远行，阴差阳错的命运造成的人生离恨，让他情难自已。在送给族弟的离别词《贺新郎》中，他写下了前无古人的"恨"。连用五个历史上著名的恨别典故，将他的离情铺叙无余。每一种恨，牵系着不同的场景和情感内核，沉郁苍凉，语语有境界。

亲情词中，有宦游在外，对家的依恋。层楼望，春山叠，家在遥远的那边。他恨蝴蝶不传千里梦，子规叫断三更月。每一声叫，都是声声枕上劝归人；体贴妻子的一片怜子意，他郑重其事地写下了戒酒令；儿子要他置办田产，他又像一个温厉的长者，送去规诫和叮咛；小儿子出生了，他又像一个慈父一样，祈祷小儿子无灾无难过一生。

在面对朋友和亲人时，他卸下了盔甲，做回了那个柔软的自己。

他的柔，还在乡村的山水田园和温朴人情中，心弥万里清如水，一川明月照冰雪。

他有时像个隐者。

或借助理性平息内心的痛苦。他友渊明，南山种豆，东篱访菊；效颜回，一瓢自乐，箪食豆饮；参禅悟道，以求心灵的清明安宁。

或借助静谧的农村生活、朴野的田园风光、淳朴的民风乡俗来疗救官场险恶带给他的心理疲惫和创痛。

万物静观皆自得。山水自然蕴藏的活泼生命和大化运行周流不息的神奇，让他的内心得到洗涤、净化和安宁。与白鸥订盟，与青山交心，与流云对话，与山鸟共情。万物莫不适性。

他有时又像个老爷子。

闲游在村头地脑，看采桑的女子归省探亲，看苍苍的老者说着今年的雨水匀，看田里正忙的人骑着秧马，看儿童在自家的园中偷了几颗枣。

有时还喝点酒，村里的人都认得他，没钱自可赊。在春社结束后，和村里的老头一起，喝着分回来的社酒，杂处其中，浑然忘己。有时喝醉了，找不着回家的路，或是被人扶着躺下，或是找人问回自己家的路。

那头能杀人的青兕收去了他的利爪，那个气吞万里如虎的英雄敛藏了他的雄心，像个可爱的老爷子一样，感受着生活的点滴温馨。

这样也好，在被剥去了名利、权位种种外在的东西之后，人如何面对真实的自己，人又如何活得像一个真正的人？他用他的行动告诉了世人。

他一无所有，却又拥有一切。

心弥万里清如水，一川明月照冰雪。

在这样优美的天地间，我看见他满身散发着柔软的光辉。这样的光辉，不逼人，不耀目，却更让人觉得他作为一个普通的人的可爱可亲。